AF224856

REGISTRES

DU

PARLEMENT

DE DIJON,

De tout ce qui s'est passé pendant la Ligue.

AVERTISSEMENT.

LE RECUEIL qu'on publie aujourd'hui contient des Monuments intéressans pour l'Histoire de Bourgogne. Dijon fut un des derniers asyles de la Ligue, & son Parlement en fut un des derniers appuis. La plupart des Historiens n'ont porté leurs regards que sur la partie la plus brillante de la scène; & le théâtre des exploits de Henri IV leur a paru seul digne de fixer leur attention. Mais il n'est pas indifférent de connoître quelle étoit alors la situation des Provinces, & combien d'obstacles le fanatisme opposoit au bonheur de la France. On en sera plus attendri sur le sort du meilleur des Rois, & on sentira mieux tout le malheur de sa position &

tout le prix de ses victoires.

Ce Recueil servira encore à rappeller des faits qu'on tente d'obscurcir depuis long-temps, & qu'il est cependant essentiel de ne pas oublier. Les Remontrances des Parlemens ne sont pleines que des services qu'ils ont rendus à Henri IV. S'il faut les en croire, ils ont affermi la couronne sur sa tête, & c'est à leurs Arrêts que nous devons le bonheur de vivre sous l'empire de ses augustes descendans. Le Parlement de Bourgogne apprendra dans ses Registres quels sont ses véritables droits à notre reconnoissance. Ceux de Paris, de Toulouse, de Rouen & d'Aix nous auront bientôt aussi l'obligation d'avoir évalué au juste l'étendue & le prix de leurs bienfaits.

Peut-être ces Compagnies, en relisant leurs Annales, y trouveront-elles des motifs d'être plus mesurées dans leurs démarches, plus timides dans leurs entrepriſes, plus modeſtes dans leurs aſſertions. Un zèle aveugle pour la Religion les précipita dans les horreurs de la Ligue ; de petits intérêts, des reſſorts inconnus à elles-mêmes les jettèrent dans les ridicules de la Fronde. En agitant l'Etat dans ces deux époques, elles perdirent leur propre poids : détachées du centre de l'autorité, elles ne firent plus que flotter au milieu des mouvemens populaires ; le frein des Loix ſe briſa dans leurs mains, & leur pouvoir s'évanouit comme leur conſidération. Elles rampent en eſclaves ſous Mayenne & ſes adhérens ; elles tremblent ſous la tyrannie des Seize, & ne ſont que de vils inſtrumens dans les mains du Coadjuteur & de ſa cabale.

Mais alors les peuples furent les complices de leur erreur ; leur fanatifme fut celui de la Nation, & les Magiftrats ne furent plus coupables, que parcequ'ils devoient être plus éclairés & plus fidèles. C'étoit d'ailleurs une maladie, un délire : en violant les principes on les avouoit encore ; les actions étoient mauvaifes, mais les maximes étoient faines ; & au milieu de la révolte, tout annonçoit le retour de la foumiffion & l'attachement à l'autorité.

Il étoit réfervé à nos jours de voir la Magiftrature s'élever à un fyftême réfléchi d'indépendance, travailler pendant vingt années à en affeoir les fondemens, fe préparer des principes par des démarches, & juftifier enfuite ces démarches par les principes ; s'attacher enfin à dénaturer l'idée de notre Gouvernement & à effacer dans les esprits & dans les cœurs la trace des anciennes maximes. Cependant cet ouvrage de tant d'années leur échappe en un instant, & leur édifice s'écroule au moment où il touche à sa perfection. Les Parlemens ont mal connu les François. Cette nation vive, légère, qui s'irrite aisément & s'appaise de même, qui ne connoît de sentiment durable que celui de son amour pour ses Maîtres, une pareille nation peut être entraînée tout-à-coup au nom de la Religion & de la Liberté; mais il faut qu'elle soit affectée par des maux présens, & non par des craintes imaginaires; il faut qu'on lui montre le remède assuré à ses peines, & non pas une chimère métaphysique. Nous ne nous enivrerons jamais des prétentions d'un corps, quelques couleurs que ce corps essaie de donner à

ſes prétentions : nous raiſonne-
rons ſur ſes droits, nous les diſ-
cuterons, & nous finirons par
nous en moquer, dès qu'ils ne
ſeront pas liés avec notre intérêt
préſent & actuel. La querelle des
Parlemens ne devoit donc point
prendre dans la Nation, du moins
dans cette partie de la Nation qui
agit & qui frappe; elle ne tenoit
point à ſon exiſtence; elle ne
touchoit à rien de ce qui pouvoit
l'affecter. Auſſi n'a-t-elle produit
que des livres, & bien-tôt elle
donnera des épigrammes. Les
Compagnies ſeules ſont ſans fare
contre l'autorité; ſi elles parvien-
nent à ſoulever le peuple, le peuple leur obéit un moment, &
bien-tôt les tyranniſe & les ou-
trage. Le ſeul parti qui leur con-
vienne, c'eſt de ſe faire reſpecter
par la raiſon & par la vertu.

REGISTRES

REGISTRES

DU

PARLEMENT

DE DIJON,

De tout ce qui s'est passé pendant la Ligue.

Du Samedi 31 Décembre 1588, les Chambres assemblées.

M. le Premier Président ayant fait entendre, que hier au soir un Courier vint en cette Ville de la part du Roi, & fut conduit au logis du Vicomte-Maïeur, & de-là en son hôtel, où il lui donna des Lettres closes de S. M. à lui adreſſées, & lui dit, qu'il y en avoit d'autres à la Cour & aux Gens du Roi; leſquelles il lui recommanda de porter au Procureur Général, qui peu de temps après vint lui apporter des Lettres écrites à la Cour; mais il fut d'avis, qu'il les gardât, pour les préſenter à la Compagnie, qu'il a fait aſſembler à cette fin; & ayant montré les Lettres à lui écrites qui ont été lues, & par lui retirées:

Les Gens du Roi ont été mandés, & iceux entrés, ont dit, qu'ils avoient reçu Lettres closes du Roi, par leſquelles il appert de la mort du Duc de Guiſe pour les cauſes y contenues, avec d'autres Lettres écrites à la Cour, deſquelles ils ont demandé lecture être faite en leur préſence. Ce qui a été fait, &

icelle entendue , lefdits Gens du
Roi , par la bouche de l'Avocat
Maillard, ont dit, que par lefdites
Lettres eft mandé d'affembler le
Confeil de cette Ville , afin que
chacun prenne les armes pour fa
confervation & de ladite Ville
fous l'autorité & obéiffance du Roi.
A ce moyen ont réquis que les
Vicomte-Maïeur & Echevins de ladite Ville fuffent mandés , pour entendre le contenu èfdites Lettres ;
& d'autant qu'il fe fait des Corps-
de-garde par ladite Ville par gens
foupçonnés de fédition , & même
par Mᵉ Pierre Michel, ont requis,
qu'il fût enjoint audit Vicomte-
Maïeur de commettre le commandement defdits Corps-de-garde à
gens non-fufpects.

Sur ce a été dit, que les Vicomte-
Maïeur & Echevins de ladite Ville
feroient préfentement mandés ,

pour apporter les Lettres qui leur ont été écrites par le Roi, & entendre fa volonté contenue en icelles Lettres écrites à la Cour, qui à cet effet feront lues en leur préfence.

Que pour pourvoir à la fûreté de cette Ville, MM. les Confeillers, Gens du Roi & Greffiers iront à la Garde des portes & Corps-de-garde, & feront ronde la nuit, fi bon leur femble, dont fera dreffé Rolle d'un ancien Confeiller avec le dernier, fuivant l'ordre du Tableau à la manière accoutumée, qui fera délivré aux Huiffiers, afin d'avertir par chacun jour ceux qui devront être de garde le lendemain.

Et que Mes Louis Odebert & Jean Gagne, Confeillers, iront avec le Maire au Château de cette Ville, pour faire entendre au Ca-

pitaine Francheze étant en icelui,
du contenu ès Lettres du Roi, &
lui recommander qu'il ne laisse entrer aucun au Château par la porte
de derrière, par le moyen duquel le
pays & cette Ville ne puissent recevoir aucune incommodité.

Et à l'instant sont venus derrière
le bureau M. Jacques de la Verne,
Vicomte-Maïeur, Frémyot Reli-
gieux de S. Bénigne, Bezat Cha-
noine de la Ste. Chapelle, Robert
Doyen de la Chappelotte, Bercque-
leine, David, Esthenot, Bourelier,
Bondrenée, Boisselier, Boullier,
Brechillet, Morel, Prevost, tous
Echevins ; Jachiet Procureur Syndic, & Martin Secrétaire de ladite
Ville. Auxquels M. le Premier Président a demandé, s'ils n'avoient
pas reçu Lettres du Roi ? A quoi
ledit Vicomte-Maïeur a répondu
que oui, & qu'elles étoient en la

Chambre de Ville, où elles doivent demeurer pour leur décharge, lesquelles il lui a été enjoint d'envoyer quérir. Cependant a dit, que suivant lesdites Lettres tous ceux du Corps de la Chambre de Ville avoient fait serment solennel de demeurer unis au service du Roi, & à la conservation & manutention de cette Ville, sous son autorité & obéissance; & les Lettres écrites aux Magistrats de ladite Ville apportées & lues, lecture a été faite de celles écrites à la Cour en présence desdits Maire & Echevins, & autres Officiers de ladite Ville; & leur a été dit par M. le Premier Président, qu'ils avoient toujours été fidèles au Roi, mais qu'à ce coup il se falloit évertuer plus que jamais, & veiller soigneusement à la garde de ladite Ville sous l'autorité & obéissance du Roi,

en quoi la Cour les aideroit de tout
son pouvoir. Et à cet effet a été
délibéré d'envoyer à la Garde des
portes & Corps-de-garde de jour
& de nuit, si besoin étoit, dont le
Vicomte - Maïeur a dit être bien
joyeux, & s'est retiré comme aussi
lesdits Echevins & Gens du Roi;
& a été fait & signé l'Arrêt qui
s'ensuit :

VEU les Lettres du Roi, écrites
à Blois, le 23 du présent mois de
Décembre, Conclusions du Procureur Général, la Cour, les Chambres assemblées, a ordonné & ordonne aux Baillifs, leurs Lieutenans, Maires & Echevins, & tous
autres Magistrats des Villes de ce
Ressort, chacun en droit soi, de
tenir lesdites Villes en toute sûreté, & les Habitans d'icelles en
bonne union & repos sous l'obéissance due à S. M. A fait & fait

inhibitions & défenses à toutes personnes de quelqu'état & condition
qu'elles soient , de faire aucune
Assemblée d'armes dans lesdites
Villes & hors d'icelles , sinon de
l'autorité du Magistrat , à peine de
la hart. Et sera le présent Arrêt
envoyé èsdites Villes avec lesdites
Lettres , pour y être lues & publiées & enregistrées , afin que
personne n'en prétende cause d'i-
gnorance. Fait à Dijon en Parlement, le dernier jour de Décembre 1588. S'ensuit la teneur desdites Lettres.

Nos Amés et Féaux. Encore
que vous soyiez bons témoins des
occasions que le feu sieur Duc de
Guise nous a données de nous ressentir des troubles qu'il a semés
en notre Royaume, les entreprises
& attentats qu'il a faits depuis
quelques années sur notre Etat &

Couronne, notre honneur & notre propre vie, toutefois en attendant que nous vous faſſions bien
particulièrement entendre comme
il s'eſt porté ingrat envers nous
en récompenſe de ce que nous lui
avons pardonné les choſes paſſées,
avec eſpérance, que notre volonté, & les biens & honneurs que
nous lui avons faits depuis, & fai-
ſions tous les jours juſqu'au mé-
contentement de nos bons & loyaux
Sujets, qui en étoient ſcandaliſés,
le rameneroit au bon chemin, &
à reconnoître le reſpect & obéiſſance que juſtement il nous devoit;
Nous vous dirons ſeulement, que
depuis quelques jours ſon inſolence
étoit devenue telle, qu'au mépris
de notre autorité il n'a rien oublié
de tout ce qu'il a pu faire pour
nous troubler & arracher notre
Sceptre & Couronne, voire notre

propre vie , & que ce qu'il ne pouvoit faire , il ne l'a fait. Qui nous a donné occasion de lui faire connoître que Dieu a mis en nous l'autorité , les moyens & les courages de l'en châtier ; comme il l'a mérité , par la perte de sa vie , dont nous avons bien voulu vous donner avis par ce mot de Lettre , afin que vous en sachiez la vérité , & que par quelque faux bruit elle ne vous soit point déguisée ; aussi, pour vous avertir qu'incontinent la présente reçue , vous fassiez assembler tout le Conseil de notre ville de Dijon , & faire que chacun des principaux Chefs des maisons s'arment , tant pour la conservation de leurs famille & facultés domestiques, & de leur Ville , que de notre autorité , & de l'obéissance qu'ils nous doivent ; ensemble, que nous ne voulons aucunement nous

départir de notre sainte entreprise
de faire la guerre, & exterminer
les Hérétiques ; ains, comme elle
n'étoit pas fondée sur la mort ou
la vie, ou l'ambition dudit feu sieur
de Guise, mais sur le zèle & affection que nous avons toujours eu
& aurons particulièrement gravés
dans le cœur à l'honneur de Dieu
& l'augmentation de notre Religion Catholique Apostolique &
Romaine, aussi ne peut-elle être
détournée pour quelque occasion
que ce soit, faisant ensorte que
nosdits Sujets se rendent capables
de nos bonnes & saintes intentions, lesquels se peuvent assurer
de tout le soulagement que nous
leur pourrons procurer, ensemble
que continuant à leur devoir, ils
nous trouveront toujours leur bon
Roi, prêt à les gratifier autant que
leur fidélité le pourra mériter ; ou

à les châtier aussi , s'ils s'oublient de leur devoir , & sortent du respect & obéissance que Dieu leur commande de nous porter. Priant sur ce Notre-Seigneur qu'il vous ait , nos Amés & Féaux , en sa sainte & digne garde. A Blois le 24ᵉ jour de Décembre 1588. *Signé* HENRI , & plus bas , RUZÉ.

Superscrite : A nos amés & féaux Conseillers les Gens tenant notre Cour de Parlement à Dijon.

Du Lundi 2 Janvier 1589 , les Chambres assemblées.

M. le Premier Préfident a dit avoir fait affembler la Compagnie à fin d'entendre le rapport des Commiffaires , qui avoient été députés pour aller au Château.

Lefquels , par la bouche de Mᵉ Odebert , puîné ont dit , qu'ils avoient requis le Vicomte - Maïeur de les accompagner audit Château ; mais qu'il s'étoit excufé pour les affaires qu'il avoit, & leur avoit envoyé le Procureur Syndic de cette Ville, lequel ils avoient mené avec eux audit Château, & en fa préfence avoient fait entendre leur charge au Capitaine Francheze ; qui leur avoit fait réponfe, que M. le Duc de Mayenne, Gouverneur de ce Pays, l'avoit mis audit Château, & lui avoit recommandé d'en faire bonne & foigneufe garde pour le fervice du Roi ; en quoi, jufqu'à préfent, il ne croyoit avoir aucunement failli, efpéroit de continuer de faire enforte que ledit fieur Duc de Mayenne en auroit contentement, & que le Pays, ni cette Ville, n'en recevroient aucun inconvénient par fon moyen, & qu'il ne laifferoit entrer perfonne audit Château, qui pût troubler le repos de ladite Ville & dudit Pays.

Sur ce que M. le premier Préſident a propoſé, que le Vicomte-Maïeur de cette Ville lui avoit fait entendre pluſieurs raiſons, par leſquelles il n'étoit beſoin que les lettres du Roi, écrites à la Cour, fuſſent publiées à ſon de trompe par la Ville, & que ladite publication avoit été différée juſqu'à ce qu'il y eût été aviſé par la Cour ; l'affaire miſe en délibération, a été appellé à l'huis du Conſeil, Mᵉ Jean Cothenot, pour voir la Requête contenant les raiſons pour la non publication, laquelle lue & communiquée au Procureur Général, a été réſolu, que ladite publication ſera différée quant à préſent, ſauf à l'ordonner ci-après s'il y échet.

Et afin de promptement pourvoir à toutes occurrences concernant

nant

nant la sûreté de cette Ville & le repos de tout le Pays, pour le service du Roi & la conservation de ses sujets en son obéissance, a été conclu, que l'on entrera extraordinairement en cette Chambre chacun jour à huit heures du matin, sauf d'aviser à chacune desdites entrées, si on s'assemblera l'après-dîné; & pour aucunes affaires qui n'ont pu être expédiées le matin, a été dit qu'on se trouvera en cette dite Chambre à une heure & demie de relevée.

Dudit jour de relevée.

MM. Maillard & Legoux, Avocats du Roi, sont entrés en cette Chambre par Ordonnance de la Cour, & ont rapporté la Requête qui leur avoit été communiquée ce matin avec leurs conclusions par

B

écrit. Sur lesquelles conclusions a été résolu ce qui s'enfuit :

Qu'il est enjoint à tous les Habitans de cette Ville de ce pourvoir d'armes pour la conservation de leurs personnes, famille, biens, & sûreté de ladite Ville, sous l'autorité & obéissance du Roi, & au Vicomte - Maïeur & Echevins d'icelle Ville d'employer lesdits Habitans indifféremment, & sans aucune distinction, à la garde des portes & corps de garde, tant de jour que de nuit, chacun à son tour, suivant les anciens rôles & départemens. Défenses à toutes personnes de quelque qualité & condition qu'elles soient, de parler du Roi qu'avec l'honneur & le respect dû à Sa Majesté, ni de tenir propos tandant à sédition, à peine d'être pendus & étranglés. Ordonne que par Commissaire que la Cour députera,

il fera informé des contraventions,
pour les informations vues & communiquées au Procureur Général
du Roi, être procédé contre les
coupables, ainfi qu'il appartiendra.
Et l'Arrêt publié à fon de trompe,
afin que perfonne n'en puiffe prétendre caufe d'ignorance.

MM. Bretagne, Collard, Quarré
& Bretagne puîné, ayant fait rapport de ce qui s'étoit paffé hier aux
portes, où ils étoient allé monter
la garde, a été fait l'Arrêt de réglement qui s'enfuit :

LA COUR, les Chambres affemblées, pour conferver les Habitans
de cette Ville en bonne union &
repos, fous l'obéiffance du Roi,
fuivant fes Letres dn 24 Décembre
dernier, a ordonné & ordonne, que
les Commiffaires de ladite Cour,
qui iront aux portes, commande-

ront avec l'Echevin de ladite Ville, & pourvoiront ensemblement à toutes occurrences qui se présenteront ; comme aussi ès corps-degarde qui se feront tant de jour que de nuit : à cet effet le mot du guet leur sera envoyé par le Vicomte-Maïeur de ladite Ville ; auquel la Cour enjoint, que s'il survient affaire importante à la sûreté de ladite Ville & repos des Habitans, d'en avertir ladite Cour avant l'exécution de leur délibération, dont le Maire sera averti, lequel sera à cet effet mandé.

Me Pierre Dachiet, Procureur Syndic de cette Ville, ayant demandé de parler à la Cour, a été introduit céans, & a dit : Qu'il étoit envoyé de la part du Vicomte-Maïeur pour remontrer qu'il étoit très-humble serviteur du Roi & de la Cour, tant en son particulier, qu'en qualité de Maïeur ; mais qu'il lui est impossible de sortir de sa maison pour venir au Palais sans amener des forces ; que peut-être la Cour ne trouveroit bon, d'autant qu'il avoit été averti d'une conspiration faite contre sa personne.

Et incontinent après, sont venus les Echevins, Prevost, Fremyot, Boisselier & Boullier, qui ont excusé ledit Vicomte-Maïeur, pour les susdites considérations.

A quoi leur a été dit par M. le Premier Président, que mal-aisément la Ville pourroit être assurée, si celui qui est à la garde ne l'étoit pas, & qu'ils pourvûssent en telle sorte, que chacun fût conservé en repos sous l'obéissance du Roi ; & que demain on leur feroit entendre la Délibération de la Cour. Et se sont retirés, après que ledit Pre-

voſt, ſur ce enquis, a dit, qu'il n'y
avoit aucune Délibération en ladite
Chambre pour refuſer les portes au
ſieur de Tavannes.

*Du Mardi 3, les Chambres aſſem-
blées.*

Les Arrêts conclus le jour d'hier
de relevée, ont été lus & dreſſés
en la forme qu'ils ſont ci-devant
regiſtrés ; & les Syndics commis
pour informer des propos tenus
contre l'honneur & le reſpect dûs
au Roi, & des contraventions qui
ſe feront à l'Arrêt.

Sur le rapport du Greffier, qu'il
y avoit à la porte nombre d'Echevins, qui demandoient à parler à
la Cour; ils ont été introduits, &
ſont entrés : M. Claude David,
Avocat à la Cour, Cothenot, Bou-
vellier & Carlin, tous Echevins,

lefquels, par la voix dudit David,
ont remontré, que fur certain bruit
qui fe portoit par la Ville, le Vicomte-Maïeur avoit, dès hier, fait
affembler plufieurs Habitans &
Bourgeois de chacune paroiffe, &
même ceux qui avoient abjuré ci-
devant la nouvelle Religion, & leur
avoit fait entendre qu'il falloit que
chacun fe contînt en fon devoir, &
que tous s'uniffent pour la confervation de ladite Ville, & leurs perfonnes & biens, fous l'obéiffance
due au Roi, notre fouverain Seigneur; toutes-fois ils..... Hier, de
nouveaux avertiffemens, qu'en cer-
taines maifons de ladite ville, fe
faifoit amas de gens & d'armes, &
qu'aucuns avoient porté Requête à
la Cour, qui touchoit l'honneur
des Magiftrats de ladite Ville; qu'ils
n'ont autre chofe en recommandation que le fervice du Roi, & la con-

fervation de tous indifféremment; & qu'aux environs de ladite Ville y a troupe de gens, qui poffible cherchent occafion d'entrer en icelle pour la troubler, ce qui les tient en grande perplexité; & pour cette raifon avoit été avifé à la Chambre de Ville, que la Cour feroit très-humblement fuppliée, de leur donner avis & confeil de ce qu'ils avoient à faire en chofe de fi grande importance, qui concernoit le falut de tous, fachant bien le refpect qu'ils devoient à ladite Cour, les bons & falutaires confeils qu'ils en recevoient, pour être compofée de perfonnes illuftres & accomplies à toutes bonnes parties.

Sur quoi a été dit par M. le Premier Préfident, que la Cour leur donnera toujours toute l'aide qu'elle pourra, ès affaires qui concerneront le bien du Public & de cette Ville,

Ville , & que fur le furplus , il y
fera avifé.

Et s'étant retirés, font incontinent rentrés, & ont dit : Que s'il
plaifoit à la Cour de députer aucuns
d'icelle, pour affifter en la Chambre de Ville ès Délibérations qui
s'y feront , ils le tiendront à très-
grand honneur. Et iceux retirés, a
été dit : Que quatre Confeillers feroient députés pour aller en ladite Chambre de Ville , lorfque l'on
conviendra traiter & délibérer des
affaires concernant la fûreté de la
Ville, & rapporteront à la Cour
les Délibérations qui s'y feront,
quand elles feront importantes,
avant que de les exécuter ; & après
y avoir été quelque tems , en feront
commis d'autres. Et pour le préfent,
ont été députés Meffieurs Bretagne,
Colard, Odebert l'aîné , & Brich,
Confeillers ; & que de ladite Déli-

bération & Arrêt du jour d'hier, le Procureur Syndic sera présentement averti par le Greffier, afin que ledit Syndic le puisse faire sçavoir à ladite Chambre de Ville.

Du 4 dudit Mois, les Chambres assemblées.

M. Bretagne a fait entendre ce qui s'étoit passé le jour d'hier à la Chambre de Ville, en sa présence & de ses Collégues ; & les difficultés que le Vicomte-Maïeur leur avoit déclarées sur l'exécution de l'arrêt concernant le Réglement des Portes & Corps-de-gardes, où les Commissaires de la Cour se trouveroient ; & la réponse qu'ils lui avoient faite, avec les exemples de ce qui avoit été observé de tout tems en semblables cas. A quoi M. le Président de Montholon a ajouté, que lorſque le ſieur de Ventoux commandoit dans cette Ville, en l'abſence du ſieur de Tavannes, étant à la porte, avec M. le Procureur Général, ſe préſenta un laquais de M. de Maugiron, qui portoit un paquet, où il y avoit des Lettres à pluſieurs grands Seigneurs, & même à feu M. le Cardinal de Lorraine, qu'ils ouvrirent & lurent à ladite porte, dont ledit Laquais ſe plaignit audit ſieur de Ventoux qui deſiroit de leur en parler ; & étant devers lui, firent entendre, qu'ils n'avoient rien fait que ce qu'ils devoient ; & comme ayant le commandement à la porte, ils pouvoient voir toutes ſortes de Lettres, hormis celles du Roi, dont ils avertirent le lendemain la Cour, qui approuva & loua leur action.

Ce fait, ledit ſieur Bretagne, avec MM. Colard, Odebert & Brich, font fortis pour aller à la Chambre de Ville , fuivant la Délibération prife le jour d'hier ; mais ils font incontinent retournés , & ont dit avoir trouvé en chemin l'Echevin Cothenot , qui les avoit affurés que la Chambre de la Ville n'étoit ouverte , & qu'on ne feroit affemblé en icelle , parce que les Députés d'aucunes Paroiffes ne s'y étoient trouvés.

Sur ce , a été dit , que le Vicomte-Maïeur fera mandé par le Greffier , pour fçavoir pourquoi il tint hier toutes les portes de la Ville fermées , enforte que par ce moyen ils entrèrent & fortirent par le château.

Auffi à quoi il tient, qu'il n'a affemblé la Chambre de Ville ce matin ; & lui fera ordonné d'entrer en icelle tous les jours après huit heures , pour traiter & avifer ès

affaires communes , concernant la
sûreté de la Ville , avec les Commiſſaires de la Cour, Echevins &
Bourgeois à cet effet nommés &
choiſis en chaque Paroiſſe , & de
viſiter les maiſons particulières des
habitans, qui ont amas d'armes ,
encore que ce ne ſoit leur profeſ-
ſion de manier les armes, ou qu'ils
n'ont moyen d'en avoir en telle
abondance.

A l'inſtant, ledit Vicomte-Maïeur
eſt venu, accompagné de David,
Cothenot & Brechillet, Echevins,
& d'Achiet, Syndic , Odebert &
Guillaume, Commis & Bourgeois;
& après que la Délibération ſuſdite
leur a été dite & prononcée par
M. le Premier Préſident, ledit Vicomte-Maïeur a dit : Qu'il s'eſt toujours montré zélateur du ſervice du
Roi & de la Cour, mais qu'il ſçait
bien que ſa Charge, au tems que

nous fommes, eft un fujet de déco-
cher contre lui, & que le plus homme de bien, & le plus expérimenté
de la Ville y feroit bien empêché,
& fe trouveroit confondu; qu'il n'a
jamais rien fait en cachette, ains
fes actions ont toujours été telles
qu'il a perpétuellement eu en fin-
gulière recommandation, l'honneur de Dieu, & le fervice du Roi;
& néanmoins pour récompenfe des
peines & travaux qu'il prend journellement, pour maintenir chacun
en fûreté, en bonne union & en
repos, il fçait qu'on a préfenté une
Requête injurieufe contre lui, qui
ne peut procéder que de mauvais
eftomach; car ce n'eft ici le tems
qu'il faut attaquer le Magiftrat. Que
la Cour eft fouveraine pour connoître de fes actions, à laquelle
voire au Roi même il fe préfentera
toujours pour en rendre compte,

& se justifier de toutes telles calom-
nies. Qu'il est incessamment travaillé,
tantôt d'un côté, tantôt d'un autre.
Qu'il ne desire rien tant, sinon que
les choses se passent en toute tranquillité. Mais que ces derniers jours,
il s'est passé chose qui ne se doit
taire. Car encore que par l'Arrêt
nouvellement publié, il n'ait été
permis qu'aux Chefs d'Hôtellerie
de s'armer, toutefois il se trouve
un nombre infini de jeunes gens,
qui vont ordinairement armés jusqu'à la salle du Palais ; qu'il y en a
d'autres si osés, qu'ils entrepren-
nent d'aller sur les murailles sans
avoir le mot ; s'en trouve aucuns
ès Corps-de-garde, qui ne sont des
rues des Dixaines, chose qu'il ne
peut, ni ne doit dissimuler, comme
étant faite au mépris du Magistrat,
qui doit être respecté ; supplie la
Cour de le conserver en icelle, &

conſidérer qu'un plus habile que lui s'y trouveroit bien empêché, & qu'il n'eſt tenu de rendre compte de ſes actions. Quant aux portes, qui ne furent hier ouvertes, dit que ç'a été par Délibération de la Chambre, & pour le bien public, d'autant qu'il fut averti, qu'ès environs de cette Ville, il y avoit des gens de cheval, dont il envoya avertir la Cour par un Echevin, au regard du Châteaudit; qu'il n'a pu empêcher ce qui s'y eſt fait, n'y ayant nul commandement, & n'y fut avec les Commiſſaires de la Cour, parce que les choſes publiques ne lui permirent, & qu'il n'eſt raiſonnable que lui Magiſtrat ſe voye enfermé; & en tant que touche l'Aſſemblée de la Chambre, dit que les Députés d'aucunes Paroiſſes ne s'y étant trouvés, on avoit remis au lendemain. Et pour les

armes qui font ès maifons particulières, il y pourvoiroit; fuppliant
la Cour de conferver l'autorité
qui appartient au Magiftrat de la
Ville.

Dudit jour, de Relevée.

Brechillet & Giraut, Echevins,
ayant demandé de parler à la Cour,
font entrés en cette Chambre, &
ont dit : Que le Vicomte-Maïeur
avoit été préfentement averti que
l'Avocat Brocard, étant avec un
Confeiller de cette Cour, avoit
voulu entrer en la Tour Saint-Ni-
colas, & avoit tenu plufieurs propos fâcheux à l'Echevin qui y commandoit; combien que ledit Confeiller s'étoit force modeftement
comporté; leur a été dit, qu'il y
feroit pourvû, & fe font retirés.
Sur ce qui a été propofé, qu'il

se faisoit assemblées en quelques maisons particulières , a été dit , Que Messieurs, qui iront demain à la Chambre de Ville , proposeront la visite des armes ès maisons particulières , & ès Abbayes & Couvens, & y feront délibérer ; comme aussi sur les défenses de faire assemblées & monopoles.

A été ordonné, qu'il sera publié Monitoire , pour avoir révélation des propos séditieux & scandaleux tenus par plusieurs de la Ville de Dijon.

Du Jeudi 5 audit Mois.

Sur l'avertissement que le sieur de Lux étoit à la porte, qui demandoit à parler à la Cour, de la part du Roi, a été dit : Que l'entrée lui seroit baillée, & place au Bureau. Et à l'instant , étant entré & assis audit Bureau, a tenu les propos qui enfuivent :

MESSIEURS, quelques jours après la mort du Duc de Guife, le Roi m'a envoyé en ce Pays, avec charge & commandement exprès de venir en cette Compagnie, & lui recommander de maintenir fon autorité comme elle le doit, & de tenir toutes chofes en fon obéiffance, & en la tranquillité où elles font.

J'ai parlé environ un quart d'heure à M. le Duc de Mayenne, & lui ai fait entendre, que le Roi defire de fe fervir de lui, comme en étant digne & capable ; qu'il n'ait à faire chofe qui puiffe troubler le repos de cette Province, & la bonne opinion en laquelle Sa Majefté l'a toujours tenu jufqu'à préfent, & tient encore : Voulant qu'il foit maintenu en fes Etats, & reconnu pour fon

Lieutenant Général en ce Pays ; à
la charge & condition de maintenir & conferver tous les Sujets du
Roi en fûreté & affurance, & mê-
mement ceux qui fe feroient ingé-
rés de faire paroître quelqu'affection au bien de fon fervice, de les
tenir en même & femblable rang
que les autres. Et encore que j'aye
trouvé ledit Duc de Mayenne rem-
pli de douleur & regret des chofes
paffées , toutefois , comme il eft
Prince plein de douceur , & qui ne
fort hors des limites de raifon , il
m'a promis & juré de ne s'en point
reffentir ; mais qu'il a été averti
qu'en cette Ville il y avoit quelque
rumeur, dont il eft fort fâché, parce que fon intention n'a oncques
été de faire chofe contre le fervice
de Sa Majefté, ayant toujours main-
tenu, comme fa volonté eft encore
plus que jamais difpofée, tous les

ſujets & ſerviteurs du Roi en bonne
union, ſûreté & repos. Il n'a troupes que pour la conſervation de ſa
perſonne, qui eſt choſe propre &
décente à la nature. Dont je vous
ai bien voulu avertir & aſſurer ;
que ſi ledit ſieur Duc de Mayenne
étoit troublé à l'entrée de cette
Ville, le Roi en auroit mécontent-
tement ; d'autant qu'il veut & entend, qu'il ſoit reconnu pour ſon
Lieutenant Général en cette Province, tout ainſi que ſi la mort du
Duc de Guiſe n'étoit avenue ; &
que ledit Duc de Mayenne main-
tienne & conſerve tous les ſujets
& fideles ſerviteurs en toute ſûreté,
& les choſes en telle tranquillité
qu'elles ſont, ſelon que ledit Seigneur Roi vous le fait entendre par
ſes Lettres & Mémoires, que j'ai
charge de vous donner, leſquelles
ſont ès mains d'un homme à moi,

qui arrivera dans une heure ; mais je l'ai devancé & pris les devants, pour plutôt m'acquitter de ma Charge.

A quoi par M. le Premier Préfident lui a été dit , qu'il avoit fort ouvertement & en termes bien exprès fait entendre à la Compagnie la volonté du Roi, qui confifte en deux points. Le premier, en l'obéiffance & fidélité que S. M. requiert de fon Parlement , pour maintenir & conferver la Province & tout le pays en repos fous l'obéiffance qui eft due au Souverain, qui nous a été donné de Dieu, dont S. M. ne peut aucunement douter, pour avoir de bons témoignages de ce qui s'eft paffé en cette Province pendant les troubles qui ont prefque ruiné la France & l'Etat ; & néanmoins la Bourgogne eft demeurée ferme tant pour défait de la Religion, que pour celui de l'obéiſſance au Roi, ſans qu'il y ait eu le moindre manquement. L'autre point regardoit l'autorité qu'il a plu au Roi donner à M. le Duc de Mayenne en ce pays, pour y tenir lieu de Gouverneur & de ſon Lieutenant repréſentant ſa perſonne en ce qui concerne la force & la ſûreté des Villes & Fortereſſes du pays, avec leſquelles la Cour, pour le ſervice du Roi & le bien de la Province, auroit eu bonne intelligence, & continueront toujours, tant qu'il plairoit au Roi de continuer en ſes bonnes graces, & lui donner telle autorité & puiſſance, comme il faiſoit entendre être ſa volonté, nonobſtant ce qui étoit arrivé depuis peu de jours à Blois, dont la Cour ne doutoit pas que le Duc de Mayenne n'eût un grand regret pouſſé par l'affection naturelle, qui eſt née avec chacun de nous, mais qu'il croyoit que la vertu & le zèle que le Duc de Mayenne a pour le bien de l'Etat & Couronne de France, avoit tant de puiſſance ſur lui, que cela, avec la douceur, bonté & clémence avec laquelle le Roi lui donnoit aſ-ſurance, par la créance qu'il avoit donné, lui feroit oublier tout ce qu'il pouvoit avoir d'amertume dans le cœur, & diriger tous ſes Conſeils, deſſeins, forces & moyens à conſerver, maintenir & défendre ce pauvre Etat, cette Couronne & Monarchie, qui ne peut ſubſiſter que par l'union des bons ſous l'obéiſſance de leur Roi. Et a fini ſon propos par prières humbles à Dieu, pour obtenir par ſa bonté cette tant deſirée & néceſſaire union à l'honneur de Dieu & réta-bliſſement des abus & déſordres

qui

qui ont corrompue & ruinée cette jadis tant belle Monarchie, dont la ruine & l'anéantiſſement, ſans la grâce de Dieu, eſt du tout inévi-table.

Dudit jour, de Relevée.

Après que le Greffier a déclaré que le ſieur de Lux ne lui avoit délivré les Lettres & inſtructions, qu'il a dit lui avoir été baillées par le Roi, a été conclu, que le Greffier ſera envoyé par-devers le ſieur de Lux, pour lui demander leſdites Lettres & inſtructions, afin de les voir & pourvoir ſur icelles.

A l'inſtant le Greffier Joly a rapporté, qu'il avoit parlé audit ſieur de Lux en la maiſon de M. le Préſident Jeannin, qui lui avoit dit, que ſon homme, qui avoit leſdites Lettres & inſtructions, n'étoit pas encore arrivé,

D

Sur ce a été réfolu, que le Greffier retournera vers ledit fieur de Lux , pour lui demander encore une fois lefdites Lettres & inftructions ; & qu'il fera fait Regiftre de fa réponfe & de tout ce que deffus, ce que ledit Greffier a fait. Et retourné, a rapporté, qu'il n'avoit trouvé ledit fieur de Lux en la maifon dudit fieur Préfident Jeannin; mais qu'on lui avoit dit, qu'il étoit allé au logis du Roi pour voir M. de Mayenne, qui venoit d'arriver : a été dit, Que le Greffier l'ira trouver audit logis ; & étant de retour a déclaré, que ledit fieur de Lux lui a dit que fon homme n'étoit pas encore arrivé, dont il étoit bien fâché, & prioit la Cour de croire qu'il n'étoit menteur.

Sur quoi a été réfolu de s'affembler demain à l'iffue du fermon, pour avifer à ce qui fera néceffaire.

Du Vendredi 6 Janvier 1589.

A été dit que le fieur de Lux fera mandé ; & à cet effet le Greffier Joly a été envoyé vers lui.

Lequel Greffier à l'inftant a rapporté, qu'il avoit parlé audit fieur de Lux au cabinet dudit fieur de Mayenne, qui lui avoit encore dit, que fon homme, qui avoit les Lettres & Mémoires du Roi, n'étoit arrivé, & qu'il avoit de grandes & importantes affaires avec M. de Mayenne, pour raifon de quoi il fupplioit la Cour de l'excufer. Et ayant mis la main à fa poche a tiré une Lettre, qu'il lui avoit mife en main pour la faire tenir à la Cour, qui eft une Lettre du Roi écrite au fieur de Mayenne.

Du Samedi 7, les Chambres affemblées.

A été réfolu, que l'on enverra faluer M. de Mayenne au nom de la Cour, & le prier de tenir & conſerver cette Province en paix ſous l'obéiſſance du Roi ; & à l'inſtant ont été commis MM. Bourgeois Préſident, Bretagne, Colard, Odebert, & ſept Conſeillers.

Du Lundi 9, les Chambres aſſemblées.

M. le Premier Préſident a fait entendre qu'il ne pouvoit taire ; que ſur l'avertiſſement qu'il eut Samedi dernier, qu'on avoit arrêté, de la part de M. de Mayenne, quelques Officiers de cette Compagnie, il avoit mandé les Gens du Roi, & avoit été pardevers M. de Mayenne, pour le prier de les faire élargir, ce que juſqu'ici il n'a pu obtenir. Surquoi a été dit, qu'il ſera différé d'y aviſer quant à préſent.

Du Mercredi 11.

Les Gens du Roi mandés par avis commun des Chambres, il leur eſt ordonné de prendre des Concluſions ſur les Requêtes du Procureur Syndic de la Ville de Dijon, à ce que copie lui fût donnée de la Requête ci-devant préſentée ſous le nom d'aucuns Habitans de cette Ville, & communication de l'original de ladite Requête, pour faire procéder à la reconnoiſſance d'icelle. Concluſions du Procureur Général, ſignées Picardet, & ouï Me Maillard & ledit Procureur Général à cet effet mandés, qui ont dit que leſdites Concluſions avoient été priſes au Parquet par tous trois, & ſignées ſeulement par ledit Procureur Général : à raiſons des difficultés d'entre les Avocats du Roi & ledit Procureur Général, a été dit, que ladite Enquête sera signée & paraphée par le Greffier, afin qu'elle ne soit changée ; & que ledit Procuteur Syndic en aura copie & communication de l'original par les mains du Greffier.

Du Samedi 14, *les Chambres assemblées.*

Veu la Requête des Vicomte-Maïeur & Echevins de la Ville de Dijon, à ce qu'il fût ordonné au Greffier de leur bailler extrait des noms & surnoms des personnes ayant mis ès mains des Commissaires de la Cour une Requête non signée, selon la déclaration qui en pourra être faite ; Conclusions du Procureur Général : a été dit, que le Greffier ayant délivré ladite Re-

quête audit Commissaire, sera ouï;
lequel à l'instant a déclaré, que le
Lundi, deuxième du présent mois,
la Cour étant assemblée extraordinairement du matin, comme il étoit
empêché de retenir les opinions
de ce qui fut lors proposé, l'Huissier Mangoneau appella à la grande
porte de la Grand'Chambre, par di-
verses fois, M. le Conseiller Cothenot, qui étoit assis au Bureau entre
deux de Messieurs; & voyant qu'il ne
pouvoit sortir, le Greffier alla sçavoir ce qu'on lui vouloit, & trouva
à la porte Me Maillard, Avocat du
Roi, qui lisoit un papier, lequel il
lui mit en main, & lui fut crié par
un personnage étant derrière ledit
sieur Maillard, que c'étoit une Requête pour bailler audit sieur Cothenot. Et à l'instant ledit Greffier
porta ledit papier audit sieur Cothenot, en la même forme qu'il lui

avoit été mis en main par ledit fieur
Maillard, felon que ja il déclara à
ladite Cour, fans avoir vu le dedans, ni fçavoir ce que c'étoit,
finon quand lecture en fut faite au
Bureau par un de Meffieurs ; & de
l'Ordonnance de ladite Cour, il
porta incontinent ladite Requête à
MM. les Gens du Roi, qui étoient
en la Chambre des Huiffiers, lefquels la rapportèrent à la relevée
avec leurs Conclufions : & à l'iffue
n'ayant trouvé ladite Requête ni
lefdites Conclufions fur le Bureau
pour les ferrer, à mefure que Meffieurs entrèrent le lendemain, il leur
demanda s'ils fçavoient ce qu'elle
étoit devenue. Sur ce ledit fieur Cothenot dit qu'il l'avoit ferrée, & la
tira de fon fein avec lefdites Conclufions, & les délivra audit Greffier, qui la mit fous la clef, n'ayant
vu ni lu le dedans de ladite Requête,

te, sinon lorsqu'il collationna la copie, que la Cour ordonna en être
baillée au Procureur Syndic de ladite Ville, & communiquant l'original le jour d'hier en la Chambre
des Huissiers, à l'Avocat Prevôt &
audit Procureur Syndic : ledit Huissier Mangonneau s'approcha, &
leur dit, que ladite Requête fut
apportée en la grande Salle du Palais, par deux Habitans de cette
Ville nommés Chisseret & Bourée,
& par eux mise ès mains de Me Jean
Odebert, Avocat en la Cour, qui
le pria d'appeller ledit sieur Conseiller Cothenot, pour la lui bailler, dont lesdits Echevins se seroient contentés. Après laquelle
délibération a été dit, que l'Avocat Maillard, ensemble l'Huissier
Mangonneau, seroient mandés. Et
a, ledit Maillard, dit & déclaré que
depuis les Requêtes présentées par

E

ledit Syndic, il s'étoit informé comment la chose s'étoit passée, & avoit entendu de l'Huissier Mangonneau, qu'il y avoit eu en la grande Salle du Palais, trois Habitans de cette Ville, dont l'un se nommoit Chisseret, qui étoient en difficulté à qui ils donneroient cette Requête, pour la rapporter à la Cour; & que sur ce survint Me Jean Odebert, Avocat en icelle, qui la prit & leur dit qu'il la feroit tenir à Mr Cothenot, qui fut appellé par deux fois par l'Huissier Mangonneau, selon que ledit Maillard entendit, étant alors en la Chambre des Huissiers, où ledit Odebert entra, ès mains duquel il prit ladite Requête devant la Chapelle; & comme il lisoit la conclusion d'icelle, le Greffier Grignette sortit & la prit de ses mains; sçait bien que ladite Requête n'étoit signée,

& qu'au milieu il y avoit un feuillet de coupé. Ledit Mangonneau a dit, sur ce enquis, qu'il y eut Lundi huit jours, que MM. les Gens du Roi étant en la Chambre des Huissiers proche la Chapelle, l'Avocat Odebert entra en icelle, & le pria d'appeller ledit sieur Conseiller Cothenot ; ce qu'il fit jusqu'à deux fois, & à la seconde fois dit que ledit Odebert bailla & délivra audit sieur Cothenot un papier devant ladite Chapelle ; ne sçait ce qui étoit contenu en icelui. Lesquelles déclarations la Cour a ordonné être retenues sur le Registre ; & que lesdits Vicomte-Maïeur & Echevins en auront copie, pour s'en servir comme bon leur semblera.

Du Lundi 16, les Chambres assemblées.

Sur le rapport fait par le Greffier qu'il y avoit des Echevins de cette Ville, en la Chambre des Huissiers, qui demandoient à parler à la Cour, a été dit, qu'ils seroient ouïs ; & sont venus MM. Bernard Coussin, Claude David, Avocats ; Philibert Cothenot, Pierre Jachiet, Procureur Syndic, lesquels, par la voix dudit Coussin, ont dit & remontré, qu'hier M. le Duc de Mayenne, Gouverneur de la Province, manda le Corps de la Ville, & leur fit entendre, qu'avant que partir il vouloit pourvoir à la sûreté d'icelle, & pour cela leur ordonna de faire assembler ce matin tout ledit Corps de Ville, dont ils avoient été chargés de venir

avertir là Cour, & la supplier de
députer des Commissaires pour assister à ladite assemblée ce matin,
& à la résolution qui seroit prise
sur la proposition dudit sieur Duc
de Mayenne.

Iceux retirés, l'affaire mise en délibération, a été dit, que deux
Conseillers seroient députés pour
aller en la Chambre de Ville. Et à
cet effet ont été commis MM. Fyot
& Brillet, qui y sont présentement
allés.

Cependant M. Brenot a fait entendre, qu'étant le jour d'hier allé
voir le Général Robert, son beau-
frère, au Château, il vit MM. Odebert, l'aîné, & Bretagne, puîné,
détenus audit Château, lesquels le
prièrent de présenter leur recommandation à la Cour, & de
moyenner leur liberté auprès dudit sieur de Mayenne, de l'auto-

rité duquel ils étoient prifonniers.

Ce qui ayant été mis en délibération, a été réfolu qu'un Préfident
& quatre Confeillers feroient députés pour aller faluer ledit fieur
Duc de Mayenne de la part de la
Cour, qui a été avertie par les
Echevins de la Ville de fon prochain départ, & le prier de prendre tel confeil, qui foit utile & fa-
lutaire au bien général de ce Royaume, & à la confervation de l'Etat,
& même de cette Province ; & l'af-
furer que la Cour fera tout ce
qu'elle pourra pour maintenir cette
Ville en l'obéiffance du Roi, & en
toute fûreté fur fon autorité, à fin
qu'elle puiffe fervir d'exemple à
toutes les autres Villes de cette
Province. Et en outre de mettre en
liberté les Confeillers de cette
Cour détenus par fes ordres au
Château, à ce que la Juftice puiffe

être administrée. Et pour cela ont
été commis MM. Desbarres, Préfident, Briet & Milet, lefquels font
promptement fortis ; & bien-tôt
après retournés, ont dit, par la voix
dudit fieur Préfident Desbarres,
qu'ils avoient fait entendre ce que
deffus audit fieur de Mayenne ; lequel les a remercié de la peine
qu'ils avoient prife, & leur a dit,
qu'il les prenoit tous à témoins de
fes déportemens, & fi tout ce qu'il
avoit dit & prononcé de parole, il
ne l'avoit mis en effet ; appelloit
Dieu à témoin, fi en toutes fes actions il avoit eu autre volonté que
de fervir au bien général de tout le
Royaume, lequel il embrafferoit
toujours.

Qu'en cette Ville s'étoient paffé
affez de chofes, dont il pourroit
fe reffentir ; qu'il avoit pourtant
tout oublié ; & néanmoins on n'a-

voit laiſſé d'y prendre des conſeils
violens , qui auroient mis cette
Ville à feu & à ſang , s'ils avoient
été exécutés ; n'étant ſon pouvoir
ſi petit ni dépourvu de forces, qu'il
n'eût moyen d'y mettre ordre :
qu'en particulier il deſire la conſervation de cette Province , & même de cette Ville. Qu'il ne tiendra
qu'aux Habitans que le tout ne ſoit
comme de coutume, que la Juſtice
n'y ſoit librement adminiſtrée, le
Commerce exercé, & que le La-
boureur ne puiſſe faire ſeurement
ſon Labourage, & toute perſonne
ſa charge & fonction. Qu'il n'a pris
les armes pour les empêcher, mais
pour la conſervation de ſa perſonne
& le bien général du Royaume ;
étant bien marri de ce que l'on a
braſſé contre lui, dont il ſe garen-
tira bien avec l'aide de Dieu. Prie
chacun de s'unir au bien général de

ce Royaume ; & s'il y en a quelqu'un qui ait volonté de remuer en cette Ville, qu'il en forte promptement, & n'y faffe aucune fédition ni émotion : qu'il donnera ordre de fa part de les bien châtier. Et defire que les gens de bien ne fe laiffent manier par ceux qui ont envie de remuer.

Quant aux perfonnes qui font détenues de fon autorité au Château, a dit, qu'il les avoit fait arrêter pour fa fûreté & la confervation de la Ville , & étoit réfolu de les y laiffer ; toutefois il auroit égard à la recommandation de la Cour, & aviferoit d'y faire ce qu'il pourroit pour la fûreté de ladite Ville , & par la douceur dont il avoit accoutumé d'ufer en toutes rencontres.

Auffi font retournés de la Chambre de Ville, MM. Fyot & Baillet, qui ont dit avoir trouvé une grande assemblée en icelle, qui ont tous promis & juré de ne recevoir aucune garnison en cette Ville, ni chose qui pût altérer le repos & sûreté d'icelle, en l'obéissance du Roi.

Du Mercredi 18, *les Chambres assemblées.*

Les Gens du Roi ayant fait dire par le Greffier, qu'ils desiroient parler à la Cour, ont été appellés, & ont dit derrière le Bureau, que M. le Duc de Mayenne, Gouverneur de ce Pays, les avoit mandés ce matin, & leur avoit déclaré qu'il avoit résolu de venir céans, mais que son départ étoit si pressé, qu'il avoit été contraint d'appeller lesdits Gens du Roi, à fin d'avertir la Cour qu'en son absence il laisseroit

le sieur de Fervaque pour gouverner cette Province en paix, étant
assuré qu'il sçauroit rendre l'honneur & le respect dû à la Cour ; &
qu'en son particulier, en quelque
lieu qu'il soit, il rendra toujours
service & respect à la Compagnie,
& feroit plaisir à tous en particulier. Que pour leur décharge, ils
n'ont voulu manquer de rapporter
à icelle ; & étant retirés, a été délibéré, quel rang & place on donneroit audit sieur de Fervaque, s'il
venoit céans. Et a été conclu qu'il
auroit place au Bureau, ayant égard
à sa qualité de Comte, de Chevalier des Ordres du Roi, tant
qu'il commanderoit en cette Province, sans tirer toutefois à conséquence.

Du Samedi 21 *, les Chambres assemblées.*

Le sieur de Fervaque ayant fait entendre qu'il desiroit parler à la Cour, est entré par ordonnance d'icelle, & étant assis au Bureau, a tenu le propos qui s'ensuit :

MESSIEURS : Il a plû à M. de Mayenne de m'envoyer quérir en ma maison ; & dès que je fus arrivé, il me fit cet honneur de me vouloir commander de prendre la charge de son Gouvernement en son absence, dont je fis quelque difficulté, parceque je desirois que la Cour l'eût premièrement agréable, afin que ma commission fût reconnue pour juste & raisonnable ; que j'ai acceptée pour conserver l'autorité du Roi, le devoir dû audit sieur de Mayenne , & maintenir toutes chofes au même état qu'elles étoient en cette Province ; vous affurant que j'y apporterai tous mes foins, pour empêcher qu'il ne s'y faffe rien qui puiffe altérer le repos commun. J'ai trouvé toutes chofes en très - grand défordre en cette Ville ; mais j'efpère d'y remettre le bon ordre, vous fuppliant de m'affifter de vos prudens confeils, & de croire que je n'épargnerai rien pour la confervation de ce pays en l'obéiffance du Roi, & fûreté de la Ville fous le gouvernement de M. de Mayenne. Je vous fupplie de me tenir en bonne union avec vous, pour le fervice de S. M. & manutention de l'autorité de M. le Duc de Mayenne ; en ce faifant, j'employerai mes moyens, ma vie, & tout ce que je pourrai, contre tous ceux qui voudront troubler le repos commun.

A quoi M. le Premier Préfident a répondu, qu'en un temps fi plein de misère & de calamité, les gens de bien & de vertu, & fur-tout ceux qui avoient beaucoup de valeur & d'expérience comme lui, étoient très-utiles & très-néceffaires au gouvernement des Provinces; qu'il ne doutoit pas que le choix que M. de Mayenne avoit fait de fa perfonne, pour le gouvernement de celle-ci, ne fut tel, que toutes chofes feroient confervées en re-pos, & même cette Compagnie, qui étoit établie pour maintenir tout le Corps de la Province, & fur-tout le repos de cette Ville, qui donne-roit loi à toutes les autres, ce qu'elle montrera par bons effets & ac-tions, enforte que Dieu y foit fervi & honoré, & conféquemment le Roi, qui étoit fon image, en feroit fatisfait, fans qu'aucune chofe leur puisse être imputée à blâme. Déclarant qu'elle a très - agréable le choix qu'a fait M. de Mayenne de sa personne, & que ce que ledit sieur de Fervaque leur avoit dit présentement, leur apportoit un grand contentement ; & l'a assuré, que tout ce qu'il peut desirer de la Compagnie, il le trouvera toujours en toute occurrence. Au surplus, lui a dit, que chacun en particulier le remercioit de ce qu'il avoit accepté ce Gouvernement. Ce fait, ledit sieur de Fervaque s'est retiré.

Du Lundi 23.

Le Procureur Général ayant demandé à parler à la Cour, est entré par l'ordonnance d'icelle, & a mis sur le Bureau un paquet du Roi adressé à la Cour, auquel ont été trouvées Lettres & Déclarations contenant les caufes de ce qui n'a guères s'étoit paffé à Blois, avec Lettres clofes, par lefquelles eft mandé de faire lire & publier lefdites Lettres. Et pour ce que ledit paquet étoit ouvert, M. le Premier Préfident a dit qu'il lui avoit été apporté par un Laquais du Roi, à la fortie de céans, Samedi dernier; & ayant ouvert ledit paquet, trouva des Lettres écrites aux Gens du Roi, qu'il donna au Procureur Général avec ledit paquet, pour le porter à la Cour. Et avoit ledit Laquais un autre gros paquet adreffé aux Tréforiers, qu'il lui voulut donner; mais il lui dit, qu'il le portât à ceux auxquels il étoit adreffé. Et qu'hier, parlant à l'un defdits Tréforiers, il fçut que c'étoit le *vidimus* & extraits defdites Lettres en impreffion, que le Roi leur avoit adreffés pour les envoyer

voyer aux Bailliages. Et afin de fçavoir s'ils avoient ja été diftribués,
a été mandé le Lieutenant Général
au Bailliage de Dijon, qui a dit,
n'avoir reçu aucunes Lettres du
Roi fur ce fujet. Et à l'inftant eft
retourné, & a déclaré qu'au fortir
du Palais, un Huiffier du Tréfor
lui avoit mis en main un paquet,
dans lequel étoit l'impreffion defdites Patentes & Lettres à lui écrites par le Roi, par lefquelles lui
eft mandé de faire publier icelles
Patentes, fans attendre l'ordonnance & publication de la Cour; &
a mis, par l'ordonnance d'icelle,
lefdites Lettres & impreffion d'icelles fur le Bureau.

Auffi a été mandé le Procureur
Général, & lui a été dit qu'il s'in-
formera defdits Tréforiers, s'ils
avoient envoyé lefdites Lettres aux
autres Bailliages. Lequel eft retour-

né incontinent après , & a rapporté , que lesdits Tréforiers lui
avoient dit , que dès Lundi ils
avoient reçu Lettres du Roi , par
lesquelles il leur étoit mandé d'envoyer incontinent aux Bailliages de
ce Reffort , les Lettres à eux écrites ; à quoi ils auroient fatisfaits ,
pour la plûpart , & que c'étoit à la
Cour d'y pourvoir , comme bon lui
fembleroit. Sur ce a été dit , que
toutes lefdites Lettres ferofent communiquées au Procureur Général ,
dont Meffieurs de la Tournelle ont
été avertis par M. Gagere , qui y a
été envoyé.

Du Mardi 24 , les Chambres
affemblées.

Le Procureur Syndic de la Ville
de Dijon , ayant demandé à parler
à la Cour , eft entré , & a dit , qu'il

avoit chargé dés Maire & Echevins
de supplier la Cour de députer
aucuns d'icelle, pour se trouver
demain de relevée en la Chambre-
de-Ville, afin de pourvoir à la réparation des bréches avenues ès
murailles de la Ville. A quoi lui a
été dit, que la Cour y aviseroit. Et
s'étant retiré, a été envoyé M. Catherine en la Tournelle, pour sçavoir s'ils trouveroient bon que l'on
députât Commissaires pour aller en
ladite Chambre. Et à l'instant ledit
sieur Catherine a dit, que lesdits
Sieurs de la Tournelle n'en étoient
d'avis. Et sur ce les Chambres assemblées, la requête du Procureur
Syndic de cette ville de Dijon mise
en délibération, a été conclu, que
l'on ne députera Commissaires pour
aller en ladite Chambre-de-Ville,
parceque la réparation des murailles est chose à laquelle les Maire

& Echevins de ladite Ville ont accoutumé de pourvoir : ce qui sera
dit & prononcé audit Syndic.

Du Mercredi 22 Mars.

Sur ce que M. le Premier Président a dit, qu'au sortir de son logis
il avoit rencontré le sieur de Fervaque , qui lui avoit dit , qu'il se
proposoit de venir ce matin au Palais pour affaires importantes, qu'il
vouloit faire entendre à la Cour : a
été dit , que Messieurs de la Tournelle , des Requêtes , & les Gens du
Roi seront mandés. Et à l'instant ont
été les Chambres assemblées , où
étoit M. Picardet , Procureur Général , assis au Bureau des Gens du
Roi.

Le sieur de Fervaque est entré
en cette Chambre , & s'étant assis
au Bureau , a dit , que suivant ses

premières proteſtations qu'il a faites
à la Cour, de conſerver l'autorité
du Roi de tout ſon pouvoir, & de
faire tout ce qu'il pourroit pour
cette Province, il venoit avertir la
Cour que depuis quelques jours il
avoit vû que les affaires de cette
Ville ſe préparoient à une émotion,
qui s'échauffoit tous les jours, &
étoit à craindre qu'il n'y eût du
ſang répandu, ce qu'il a empêché
juſqu'ici ; que ceux du Corps de la
Ville lui ont apporté quelques articles d'union, leſquels n'ayant
trouvés tels qu'il deſiroit, il les
avoit changés & modérés le plus
doucement qu'il avoit pû. Et comme ils étoient réſolus de les venir
préſenter à la Cour en Corps-de-
Ville, il s'en étoit bien voulu char-
ger lui-même, pour éviter que le
peuple ne s'émeut davantage · &
a mis leſdits articles ſur le Bureau.

Sur quoi lui a été dit par M. le Premier Président, que la Cour avoit très-agréable & louoit sa bonne affection à la conservation de cette Province, & bonne union, & l'a prié d'y continuer, le remerciant de la peine qu'il avoit prise d'apporter lesdits articles; & que la Cour l'aidera toujours de ce qu'elle pourra, pour maintenir cette Province en paix & tranquillité. Et s'étant retiré, a été dit, que Messieurs Baillet, Brenot, Gagne & Milletot, Conseillers, & le Goux, Avocat du Roi, seront présentement mandés; & cependant lesdits articles seront communiqués au Procureur Général, pour y être avisé & passé outre, nonobstant leur absence.

Et à l'instant sont venus MM. Baillet, Brenot, & le Goux; & quant aux sieurs Gagne & Milletot, a été rapporté, que ledit Gagne

eſt incommodé, & le ſieur Milletot eſt en campagne.

Les Gens du Roi mandés au Bureau, & avertis de donner promptement leurs Conclusions ſur leſdits articles, ont dit par la voix
dudit Le Goux, qu'ils trouvoient
cette affaire de grande importance :
pourquoi ils ſupplioient la Cour
de les admettre aux opinions que
MM. prendroient, afin que les
ayant ouïes, ils puſſent plus ſûre-
ment donner leurs Conclusions.

Ce qui ayant été mis en délibération, iceux retirés, a été réſolu
qu'ils prendroient à part & ſépa-
rément leurs Conclusions, pour
après y aviſer & pourvoir comme
il appartiendra, & leur ayant été
prononcé ladite réſolution par M.
le Premier-Préſident, ſe ſont retirés pour y ſatisfaire. Et peu de
temps après ont baillé au Greffier

lefdits articles & leurs Conclufions par écrit. Lefquels articles & Conclufions vus, a été arrêté, que copie fera retenue defdits articles, & le fieur de Fervaque averti que la Cour les fignera pourvu qu'au pénultième article foient mis ces mots : Jurons encore de nous rendre obéiffants fous le nom & autorité du Roi au commandement de M. de Mayenne, Gouverneur pour S. M. en cette Province ; & pour lui faire entendre ce que deffus, ont été députés MM. Bretagne & Fyot.

Du Jeudi 23 Mars.

Sur l'avis que M. de Fervaque venoit au Palais, ont été les Chambres affemblées. Ledit fieur de Fervaque eft venu en cette Chambre où s'étant mis au Bureau, a dit, qu'ayant qu'ayant fu des Commiffaires qu'il avoit plu à la Cour lui envoyer la réfolution par elle prife fur les articles d'Union, le jour d'hier apportés, il avoit icelle fait entendre au Vicomte-Maïeur & Echevins de cette Ville, qui s'étoient réfolus de jurer & figner lefdits articles en la forme qu'ils avoient été préfentés à ladite Cour fans aucune ajonction ni diminution, & que préfentement il avoit vu 3 ou 4 mille Habitans qui avoient tous juré, en la Chambre de Ville, l'obfervation defdits articles d'Union ; lefquels Habitans étoient en grande rumeur, & y avoit crainte d'émotion & effufion de fang, ce qui l'avoit occafionné de venir céans pour y jurer & figner lefdits articles avec cette Compagnie, comme celle qui avoit plus d'autorité & de dignité, & de laquelle

G

il ne vouloit point se désunir ; &
la prioit pour le bien de la Province, & particulièrement de cette
Ville, de jurer lesdits articles conformément au reste de ladite Ville;
non qu'il ne trouvât raisonnable le
tempérament que ladite Cour avoit
estimé convenir d'y mettre encore:
qu'il lui semble que l'autorité du
Roi étoit assez reconnue par lesdits
articles, mais pour aucunement arrêter la fureur du Peuple ; déclarant qu'en son particulier il est
très – humble serviteur du Roi,
n'ayant jamais pensé ni cru, que
M. de Mayenne, Gouverneur de
cette Province, auquel il a donné
sa foi pour la conservation d'icelle,
se veuille séparer du Roi, d'autant
qu'il lui a toujours fait entendre
qu'il lui donnoit ladite Charge pour
le service du Roi, duquel ledit
sieur de Fervaque a dit ne se vou-

foir jamais départir, mais entendoit y perfifter jufqu'au dernier
foupir de fa vie, comme étant né
François, & autrement n'eût accepté ladite Charge.

Sur quoi l'affaire mife en délibération, ayant égard au péril émi-
nent qui nous a été repréfenté par
le fieur de Fervaque, a été arrêté
que lefdits articles feront préfentement jurés en la forme qu'ils font,
& retenu que tout fe fera fous le
nom & autorité du Roi, & non
autrement.

Suivant lequel Arrêt M. le Premier Préfident s'eft levé de fon fiège
& a juré ès mains du fecond Préfident, & tous les autres Préfidens
de la Compagnie ès mains du Premier Préfident. après iceux le fieur
de Fervaque, l'Abbé de Cîteaux,
& tous les Confeillers ont juré &

promis l'obſervation & entretenement ſelon le contenu.

Enſuite la teneur deſdits articles.

NOUS JURONS & promettons
à Dieu , & à toute la Cour Céleſte,
de vivre & mourir en la Religion
Catholique Apoſtolique & Romaine , employer nos vies & nos
biens pour la conſervation d'icelle
contre tous ceux qui , ouvertement
ou par moyens couverts , s'efforce-
ront & s'efforçent ci-après faire
choſe au préjudice de ladite Religion.

Jurons de maintenir cette Ville
de Dijon en repos & tranquillité;
de courir ſus à tous ceux qui y
apporteroient aucun trouble , & les
faire châtier tant par juſtice qu'autrement :

D'employer toutes nos forces &
moyens pour conſerver la Province

& cette Ville de Dijon en leur en-
tier ; les rendre pacifiques, & garantir de toutes foules & oppref-
fions, enfemble toutes autres Villes,
Bourgs, Bourgades de ce Royaume
unis par le bien & augmentation
de la Religion Catholique Apofto-
lique & Romaine, & de faire la
guerre ouverte aux Hérétiques,
fauteurs & adhérans d'iceux.

Jurons d'affifter envers & contre
tous, les Princes, Prélats, Seigneurs, Gentilshommes, Villes,
Bourgs, Bourgades, & Communautés, unis à cette fainte réfolution, & tous ceux qui s'y uniront
ci après, & de ne fouffrir qu'il foit
aucunement donné atteinte à leurs
perfonnes, honneurs & biens, foit
d'effet ou parole, par qui que ce
foit :

Que nous tiendrons exactement
la main à ce que le Commerce &

Trafic foit libre , & pour ôter
tout empêchement qu'on pourroit
y apporter. Comme auffi, ordonner
que les chemins foient ouverts,
& affurés pour la communication
des uns aux autres des affaires de
cette fainte Union, & de tout ce
qui regardera la manutention &
bien d'icelle :

De ne fouffrir aucune altération
ou diminution des Autorités & Privilèges qui appartiennent aux trois
états, de l'Eglife, de la Nobleffe
& du Tiers-Etat de cette Province,
& ceux qui concernent cette Ville
de Dijon , enfemble toutes autres
Villes unies , lefquelles nous main-
tiendrons inviolablement.

Jurons de conferver en fon an-
cienne fplendeur le Parlement &
la Chambre des Comptes de cette
Ville de Dijon , felon la conven-
tion faite entre les Prédéceffeurs

Rois & les Etats ; fans permettre
que ces Compagnies foient trans-
férées ailleurs , ni qu'il fe faffe
chofe au préjudice d'icelles , &
qu'il y en ait d'autres établies en
cette Province , comme auffi tous
autres Sièges & Jurifdictions établies ès Villes de cette Province ,
qui entreront en ladite fainte
Union.

Promettons de ne nous féparer
les uns des autres , ains, demeurer
fi bien joints entre nous, les Princes,
Prélats, Seigneurs, Gentilshommes,
Villes & Communautés, que nous
feront toujours prêts au fecours &
foulagement les uns des autres.

N'entendrons ni ne confentirons
à traités ou accordés qui feroient
offerts , que d'un commun confentement , & ne recevrons aucun
commandement à ce contraire.

Que nous ne donnerons aver-

tissement par écrit, par message,
verbalement, ni autrement à ceux
qui tiendrons parti contraire à
cette Union ; ni ne recevrons Lettres ni avis d'eux en quelque façon
que ce soit, sans le communiquer
à M. le Duc de Mayenne , & en
son absence à M. de Fervaque, ou
au Vicomte-Maïeur ; & les avertir
à l'instant , à peine d'être punis
comme Hérétiques & Perturbateurs du repos public.

Que directement ou indirectement nous ne favoriserons par
moyens, sollicitations & prières
ceux qui nous sont contraires,
& qui contreviendront aux articles
de notre sainte Union, en quelque
degré qu'ils nous soient parens,
alliés ou amis.

Tenons pour Hérétiques & pour
Perturbateurs du repos public ceux
qui refuseront de se joindre & sous-

figner par effet & fans déguifement
à la préfenté Union, & qui feront
chofe au contraire en quelque façon & manière que ce foit, defquels nous pourfuivrons le châti-
ment par toutes voies.

Jurons encore de nous rendre
obéiffants aux commandemens de
M. le Duc de Mayenne, Gouverneur de cette Province, & en fon
abfence de M. de Fervaque, Comte
de Grancey , fon Lieutenant - Général, defquels nous ne nous fé-
parerons jamais, quelques mandemens ou commandemens qui puiffent arriver de quelque part que
ce foit.

Prions tous Prélats , Eccléfiaftiques, Seigneurs, Gentilshommes,
Villes & Communautés de cette
Province de s'unir à nous en cette
fainte réfolution, leur promettant
de notre part toute affiftance de

nos perſonnes, pouvoirs, moyens, conſeils, aides & faveurs en ce qu'ils en auront beſoin.

Dudit jour, de Relevée.

Auſſi ont été mandés Mᵉ Hugues Picardet, Procureur Général, & Guillaume Le Goux, Avocat du Roi, leſquels ont prêté le ſerment ès mains de M. le Premier Préſident, & juré l'obſervation des articles d'Union ci-deſſus.

Du Vendredi 24 dudit.

Sur ce qui a été propoſé par M. Blondeau, Garde des Sceaux, que les Officiers de la Chancellerie ſupplioient la Cour de recevoir leur ſerment, a été dit d'un commun conſentement des Chambres, qu'ils feront leur ſerment céans.

Et étant entrés , les Audienciers, Secrétaires & Contrôleurs, Maillard, Arviset, Boudier, Nicolas & Coquet, lesquels ont juré & promis ès mains de M. le Premier Président d'observer le contenu èsdits articles , dont lecture leur a été faite.

Ont été mandés les Huissiers de la Cour & Requêtes , qui ont fait pareil serment après avoir dit qu'ils avoient vu lesdits articles par les mains du Greffier ; à savoir, Regnaut , premier Huissier, Chériot, Morel, Petit, Defrance, Mangonneau, Bonnard, Chériot puîné & Briet , Huissiers de la Cour, Bailly , Murgier , & Guisain, Huissiers des Requêtes.

Du Lundi 27.

MM. les Premier & second Présidens, Bretagne, Fyot, &c. assemblés extraordinairement , ayant été avertis que M. de Fervaque venoit céans , l'ont fait entendre à MM. de la Tournelle , qui à l'inftant fe font affemblés avec les fieurs Préfidens & Confeillers de cette Chambre.

A été dit , que le fieur de Fer-vaque aura place & féance au banc des Confeillers, & au-deffus d'iceux, du côté de la Chapelle ; & à l'inf-tant ledit fieur de Fervaque eft en-tré, & s'étant affis audit banc, a dit que fuivant l'Union ci-devant faite & jurée , il avoit été réfolu d'é-tablir un Confeil pour les affaires de cette Province , & à cet effet defiroit que la Cour députât deux Officiers de la Compagnie pour y affifter ; & pour ce qu'il y avoit des affaires de cette Province , qui de-mandoient une prompte expédi-tion , demandoit qu'on les nommât inceſſamment : ſur quoi a été dit par M. le Premier Préſident, qu'il y avoit pluſieurs abſens que l'on feroit avertir pour ſe trouver à la relevée, afin d'y pourvoir, & qu'il s'aſſurât que la Cour l'aidera toujours en tout ce qu'elle pourra pour le bien de cette Province.

Dudit jour, de Relevée, les Chambres aſſemblées.

M. le Premier Préſident a fait entendre ce que M. de Fervaque étoit venu demander à la Cour ce matin ; mais avant que d'y pourvoir, a été dit qu'il ſera conſulté s'il entend que ladite Cour députe deux Officiers de cette Compagnie, outre ceux qui ont accoutumé de l'aſſiſter de Conſeil. Et à cet effet ont été envoyés devers lui, MM.

Odebert & Catherine, Syndics, qui font incontinent retournés, & ont rapporté que M. de Fervaque n'entendoit comprendre ceux que M. le Duc de Mayenne avoit ci-devant choifis, lefquels, fi bon leur fembloit, pourroient affifter avec ceux que la Cour députeroit au Confeil que l'on vouloit établir.

Sur quoi l'affaire mife en délibération, a été réfolu qu'un Préfident & un Confeiller feront députés pour affifter au Confeil que l'on veut établir près la perfonne du fieur de Fervaque pour les affaires de la Province, qui y demeureront un mois, & ledit temps paffé, en feront commis deux autres, outre ceux qui ont été ci-devant choifis par M. le Duc de Mayenne, Gouverneur de la Province; à la charge toutefois qu'ils avertiront la Cour des affaires de grande importance, avant que d'y pourvoir. Et feront lefdits Préfidents & Confeillers pris felon l'ordre du Tableau ; excepté toutefois les deux plus anciens Confeillers qui demeureront en chacune Chambre, M. Desbarres, fecond Préfident, & Saumaife plus ancien Confeiller, après les deux Doyens de chacune Chambre.

Du Mercredi 5 Avril, les Chambres affemblées extraordinairement.

M. le Premier Préfident a dit, que fuivant l'avis pris au Confeil établi près la perfonne du fieur de Fervaque, il avoit fait affembler la Compagnie, pour avifer fur les difficultés qui s'y étoient propofées, que M. le Préfident Desbarres feroit entendre plus particulièrement. Lequel a dit, que depuis qu'il avoit

été commis pour affifter audit Confeil, avec M. de Saumaife, ledit
fieur de Fervaque leur déclara,
qu'auparavant ladite Commiffion,
il avoit réfolu & arrêté, que pour
conferver cette Province contre les
incurfions qui fe faifoient ordinairement en icelle, il étoit néceffaire
d'avoir deux cens lances & douze
cens hommes de pied ; & que fans
ce fecours, il ne pouvoit demeurer
en cette Ville, ni tenir ladite Province en fûreté. Qu'il s'obligeroit
& fe rendroit refponfable de tous
les dommages & intérêts que feroient lefdits Gens de guerre aux
Sujets & Habitans de ladite Province, moyennant qu'ils fuffent fol-
doyés. Qu'à cet effet, étoit expédient de fournir huit mille écus par
mois, & de trouver promptement
vingt-quatre mille écus, pour faire
les avances néceffaires aux Capitaines

faines & Membres des Compagnies,
dont il feroit jet & département
fur toute la Province. Cependant a
été dreſſé une Procuration ſpéciale,
pour prendre leſdits deniers à cours
de rente, en laquelle leſdits Préſident Desbarres, & Conſeiller Sau-
maiſe étoient dénommés, comme
Députés de la Cour; laquelle ils
font difficulté de la ſigner fans l'ordonnance de ladite Cour, parce
que cela ne les concernoit, & ne
s'en doivent empêcher; joint que
la ſûreté & l'indemnité ne leur ſembloit ſuffiſante; encore que le Vicomte – Maïeur maintînt, que le
Corps de la Ville y étant obligé,
chacun des Habitans, même du
Corps de la Cour, l'étoit auſſi. Partant, a requis, qu'il plût à la Cour
déclarer, s'ils s'obligeront pour leſdits deniers, au nom de ladite Cour.
Pareillement, fur ce qu'il fût pro-

H

posé audit Conseil, si on devoit saisir les biens des absens, ou les faire contribuer, comme s'ils étoient présens, & arrêter les gages des Officiers de cette Compagnie, pour le regard desquels ils avoient main-tenu que c'étoit à la Cour d'en connoître. Et en outre, si on l'em-ploieroit à la garde, tant de jour que de nuit, d'autant que l'immi-nent péril avoit été déclaré par ledit sieur de Fervaque; auquel ils avoient fait entendre qu'ils ne se vouloient aucunement empêcher de la levée & département desdits deniers.

Avant que d'opiner sur lesdites difficultés, M. Le Goux, Avocat du Roi, ayant assisté à la susdite pro-position, a déclaré, que l'affaire le touchoit, & ses Collégues, & y avoit intérêt en particulier; qu'ils étoient des plus anciens Officiers de la Cour, comme créés dès l'établis-

ment d'icelle ; conféquemment, que
rien ne devoit être fecret ; même-
ment, que c'eft chofe extraordi-
naire, en laquelle ils ne font & ne
peuvent être Parties. Au moyen,
a requis, qu'il fût préfent à la Délibération, pour en dire ce que
Dieu & fa confcience lui confeille-
roient.

Sur quoi, icelui retiré, a été
réfolu, qu'il n'affiftera à ladite
Délibération, laquelle il pourra
voir fur le Regiftre, fi bon lui
femble ; & néanmoins, s'il a
quelque chofe à dire fur ladite
propofition, il fera oüi. Ce qui lui
a été à l'inftant prononcé. A dit,
quant au premier point, que s'il
étoit queftion de *jure in judicio*,
on s'en pourroit facilement défendre ; mais puifque c'eft *injuria belli*,
la Cour y pourra bien ordonner.
Au regard des biens & gages des

abſens , qu'il lui ſembloit qu'on n'y devoit point toucher, par crainte des inconvéniens qui en pourroient avenir. Et en tant que touche la garde des Portes, il s'en remettroit à ce qui feroit arrêté par la Cour. Et icelui retiré, a été conclu & arrêté, ſur leſdits trois chefs, ce que s'enſuit :

Que la Cour a eſtimé être raiſonnable, que les Députés d'icelle s'obligent pour les deniers qu'on veut lever, par ordonnance du ſieur de Fervaque ; & néanmoins, que ſi la Ville de Dijon eſt impoſée pour la conſervation d'icelle, ladite Cour en ſupportera & paiera , ſelon la néceſſité du tems , à proportion de ce qu'elle a accoutumé en pareil cas :

Que quant à préſent , il ſera diféré d'aviſer ſur le fait des abſens:

Que les Préſidens, Conſeillers &

autres Officiers de la Cour & du Sceau, iront en perfonne à la garde des Portes & Corps-de-Garde de jour, & pourront envoyer la nuit leurs Serviteurs pour la néceffité du tems, fans tirer à conféquence.

Avant ladite Délibération, font venus en cette Chambre Meffieurs Vincent & Morelet, Maître des Comptes, qui ont fait entendre, qu'ils avoient été commis par la Chambre des Comptes, pour fup-plier la Cour de leur communiquer l'avis qu'elle prendroit fur la pro-pofition qui avoit été faite par les Députés d'icelle, au Confeil n'a guères établi, afin de s'y confor-mer. Sur quoi leur a été dit, qu'on le feroit fçavoir au Procureur du Roi en icelle Chambre, qui en a été averti à l'iffue par le Greffier.

Du Jeudi 13 *, les Chambres affem-*
blées.

M. le Premier Préfident a dit
avoir fait affembler la Compagnie,
pour l'argent qu'il falloit promptement trouver, pour éviter les ravages que fait la Gendarmerie,
ainfi que plus particulièrement M.
le Préfident Desbarres le feroit entendre. Lequel a dit, que depuis
la dernière réfolution, le fieur de
Fervaque avoit impofé fur cette
Province une fomme de vingt-fept
mille écus pour la folde, durant
trois mois, de deux cens hommes
de cheval, & douze cens hommes
de pied, dont les Eccléfiaftiques
devoient payer fix mille écus ; le
refte avoit été jetté, à fçavoir,
deux tiers fur les Villes & fur le
Plat-pays ; l'autre tiers, en confi-

dération des foules qu'il avoit sup-
portées , & particulièrement cette
Ville de Dijon , à deux mille quatre
cens écus , dont les Officiers de ladite Ville vouloient rejetter le tiers
sur les Privilégiés , tant du Corps de
la Cour , que de la Chambre des
Comptes ; ce que lesdits Président
Desbarres & Conseiller Saumaise ,
Commissaires députés audit Conseil , n'auroient voulu accorder sans
l'autorité de la Cour. Sur quoi a été
résolu, que l'on ne contribuera à
ladite solde , & qu'on en laissera
faire ledit sieur de Fervaque à sa
prudence.

Du Mercredi 19 *, de Relevée.*

Sur les Requêtes , tant des Huissiers de la Cour , des Requêtes , que
de Jacques Bernier , Solliciteur général des Causes du Roi , a été dit,

que lefdits Huiffiers feront mis au Rolle de la porte, auffi - bien que ledit Bernier.

Du Lundi 24.

A été différé de traiter de la détention d'aucuns Préfidens & Confeillers de cette Cour en la Maifon du Roi , jufqu'à Mercredi prochain ; d'autant qu'il ne s'eft trouvé aucun Avocat ni Procureur, l'Audience n'a été tenue.

Du Mercredi 26.

Sur les Remontrances & réquifitions faites par le Vicomte-Maïeur, Echevins, Procureur, Syndic & Capitaines de cette Ville, a été conclu, qu'ils feront mandés demain matin, pour leur faire entendre le defir & finguliere affection que la Cour

Cour a de faire tout ce qu'elle pourra pour la conservation de cetteVille & du Pays, suivant l'union par elle jurée, & de pourvoir, comme il appartiendra, à tout ce qu'ils ont requis. Mais que ladite Cour ne le peut, ni faire aucune expédition de Justice, que préalablement tous les Conseillers & Officiers d'icelle détenus en la Maison du Roi, ne soient mis en liberté, pour opiner avec ceux qui restent.

Et leur sera dit, que la Cour n'ignore les priviléges du Maire, dont il a été parlé; mais qu'il faut qu'ils sachent que ceux de la Cour sont plus éminens.

Et comme on s'est plaint de propos tenus par aucuns Particuliers, seront exhortés & admonestés de faire contenir les Prédicateurs, afin qu'en leurs Sermons ils n'usent de discours qui puissent exciter le

peuple à fédition , & à tenir la main
qu'il n'en avienne nul inconvénient.

*Du Jeudi 27 , les Chambres
affemblées.*

Les Vicomte-Maïeur , Échevins,
Procureur Syndic , & Capitaines
des Paroiffes de cette Ville , s'étant
repréfentés , fuivant l'Ordonnance
de la Cour , M. le Premier Préfident
leur a fait entendre la réfolution de
la Cour , qu'il a enrichie de remontrances fervant à ce propos.

Et ledit Vicomte-Maïeur a dit ,
que tous ceux du Corps de la Ville
ne defiroient que de vivre en repos , & qu'il y ait une telle liaifon
entre tous , que l'on puiffe empêcher les deffeins des ennemis.

Du Samedi 29.

M. le Goux , Avocat du Roi , ayant

renvoyé les Requêtes présentées par quelques Particuliers de ce ressort, qui ont été assignés pour aller à Flavigny plaider, sans avoir donné ses conclusions, quoiqu'on lui eût ordonné de ce faire, & que le Procureur Syndic des Etats de ce Pays eût fait réponse sur lesdites Requêtes, a été mandé ledit sieur le Goux, pour déclarer pourquoi il n'a donné lesdites conclusions : lequel étant entré, a dit que depuis les troubles, ses Collègues avoient abandonné la Ville, tellement qu'il étoit demeuré seul, portant tout le faix, & les envies procédans de leurs charges lui ont causé tel dommage, qu'aux portes de cette Ville on lui a volé ses grains. D'ailleurs a appris, qu'aucuns de cette Compagnie ont trouvé étrange qu'il ait assisté à beaucoup d'Assemblées qui se sont faites ci-devant concernant le Public, où il pouvoit requérir pour le bien d'icelui ; qui lui a donné occasion de croire que la Cour jugeoit qu'il étoit indigne de sa Charge, ou qu'elle n'étoit nécessaire, & de prendre la résolution de ne s'employer à icelle qu'il n'en eût fait Remontrances. Sur ce, M. le Premier Président lui a dit, que la Cour l'a toujours reconnu du Corps d'icelle, & le reconnoît, estimant qu'il eût assisté ausdites Assemblées, même à la dernière. Et lui a été ordonné de reprendre lesdites Requêtes, & de conclure sur icelles, ce qu'il a fait, & s'est retiré.

Du Mardi 2 Mai.

Vû la Requête du Procureur Syndic des trois Etats du Pays de Bourgogne, à ce qu'il fût pourvu sur les nouvelletés & entreprises

faites contre l'ancien établissement
du Parlement, & priviléges dudit
Pays. Conclusions du Procureur
Général, la Cour, les Chambres
assemblées, a ordonné & ordonne
aux Elus dudit Pays, de faire Remontrances au Roi desdites nouvelletés & entreprises ; cependant
a fait inhibitions & défenses à tous
les Sujets du Roi au ressort de ladite
Cour, de quelque qualité & condition qu'ils soient, de se pourvoir
pour la Justice souveraine, ni faire
assigner les Parties, & aux assignés
de comparoir ailleurs qu'au Parlement établi en la Ville de Dijon, à
peine de nullité des procédures, &
3000 livres d'amende, & d'être
punis comme perturbateurs du repos public ; & à tous Huissiers &
Sergens Royaux de bailler aucune
assignation pour l'exercice de ladite
Justice souveraine, qu'audit Parle-

ment de Dijon, à peine de privation de leur Office, & de punition
corporelle : enjoint aux Lieutenans
des Bailliages, & autres Officiers de
ce reſſort, chacun en droit-ſoi, de
ſe ſaiſir des Huiſſiers & Sergens qui
contreviendront au préſent Arrêt,
& les faire amener ſous bonne &
ſûre garde, en la Conciergerie du
Palais, pour être procédé contre
iceux comme il appartiendra ; &
auxdits Lieutenans, d'informer diligemment des voleries, rançonnemens, ſaiſies de marchandiſes, em-
priſonnemens, forces, violences
& outrages faits par les gens de
guerre, tant de pied que de cheval.
Seront les informations envoyées
devers ladite Cour, cloſes & ſcellées, dans un mois, pour y être
pourvu, ainſi que de raiſon. Et ſera
le préſent Arrêt lu & publié à ſon
de trompe par les Carrefours, tant

de la Ville de Dijon, qu'autres dudit pays, à la diligence du Procureur Général, à ce que personne
n'en prétende cause d'ignorance.

Du Mercredi 10 *, les Chambres assemblées.*

Sur ce que M. le Premier Préfident a propofé, que M. de Nemours
arriva hier au foir en cette Ville, &
qu'il étoit expédient d'envoyer devers lui, felon la coutume, à Seigneurs & Princes de fa qualité.
L'affaire mife en délibération, & les
Regiftres vûs, a été dit, qu'il fera
falué au nom de la Cour, par un
Préfident & quatre Confeillers; &
à cet effet ont été nommés pour
cela, par M. le Premier Préfident,
le Préfident de Montholon, & Meffieurs Bretagne, Baillet, Odebert,
& Catherine. A quoi ledit fieur de

I 4

Montholon a dit qu'il n'y pouvoit aller , & s'eſt excuſé : nonobſtant leſquelles excuſes, oui le rapport du Greffier envoyé devers M. des Barres , qui s'eſt excuſé ſur une in-diſpoſition , a été ordonné audit ſieur de Montholon de ſatisfaire à la ſuſdite délibération.

Du Mercredi 17 *, les Chambres aſſemblées.*

M. le Premier Préſident a dit avoir fait aſſembler la Compagnie, pour aviſer des moyens qu'on pourra tenir, afin d'empêcher qu'aucun Particulier d'iceux ne ſoit contraint à payer les ſommes de deniers à quoi ils ont été cotiſés, de l'autorité de M. de Nemours, par les Maire & Echevins de cette Ville. Après que les Huiſſiers Defrance & De-brie, envoyés ès logis de Meſſieurs

les Préfidens des Barres & de Montholon, ont rapporté qu'ils prioient
d'être excufés pour leur indifpofition. L'affaire mife en délibération, a été réfolu que Remontrances feront faites à M. le Duc de
Nemours, de l'impoffibilité du payement defdites cottes, tant à caufe
du peu de commodité que chacun
fe reffent de fon Office, barrement
de gages levés par M. de Mayenne,
de plufieurs quartiers, que dimi-
nutions de revenus, dont on ne reçoit rien à caufe de la Gendarmerie. Et partant ledit fieur de
Nemours fera fupplié, au nom de
la Cour, de ne permettre que lefdits Particuliers foient contraints
au payement defdites cottes. Et à
tout événement, lui fera fait ouverture de prendre le quartier des
gages de Janvier, Février & Mars,
à décharge defdites cottes.

Du Jeudi 18 Mai.

M. le Premier Préfident a dit, qu'hier, avec Meſſieurs qui l'avoient accompagné, il avoit fait entendre à M. de Nemours les Remontrances que la Cour avoit réſolues, & dont il avoit été chargé : à quoi M. de Nemours lui avoit répondu, que dans peu il leur répondroit ; & depuis étoit forti de la Ville.

Du Mercredi 31, les Chambres aſſemblées.

Ayant été mis en délibération, ſi l'on ceſſera ou continuera les entrées pendant ces guerres & miſères ; a été arrêté, que l'on entrera en chacune Chambre les matins, pour l'expédition de la Juſtice ; ſauf, s'il ſe préſente des affaires, d'y

vaquer de relevée, & qu'au retour
de M. le Duc de Nemours, Remontrances lui feront faites par un Préfident & quatre Confeillers, des
indignités faites & exercées à l'en-
contre d'aucuns de la Compagnie;
& que cependant il en fera parlé
au Maire de cette Ville, qui, à cet
effet, fera mandé en la maifon de
M. le Premier Préfident, qui lui
fera entendre lefdites indignités,
& que la Cour eft bien réfolue de
ne plus fouffrir à l'avenir de pareilles chofes.

Du Vendredi 9 Juin.

Pour parler à M. de Nemours des
deniers à quoi aucuns de Meffieurs
de la Cour ont été cotifés, & des
indignités faites par les Sergens
exécutans, fuivant la délibération
ci-deffus, & fe contenter de la moi-

tié defdites cotes, ont été commis
MM. Brulard, Premier Préfident,
Briet, Catherine, Bouhier & Gagne, Confeillers, lefquels à l'inftant font fortis, & retournés ont
dit, que M. de Némours leur avoit
fait entendre qu'il avoit donné fa
parole au Vicomte-Maïeur & Echevins de cette Ville, qui faifoient
état des deniers, à quoi montoient
lefdites cottes; & qu'à ce moyen il
n'en pouvoit difpofer ni remettre
aucune chofe.

Du Lundi dernier Juillet.

M. le Goux, Avocat du Roi a remontré, qu'il y avoit ja long-temps
qu'il avoit donné des Conclufions
fur l'entreprife d'aucuns, qui vouloient faire un Parlement à Flavigny, au préjudice de l'ancien établiffement, privilèges du Pays &

contrats folemnellement faits avec
ledit Pays. A quoi il a fupplié la
Cour de pourvoir pour la confervation de fon autorité, & lui donner acte de fes Réquifitions.

Du Lundi 7 Août.

MM. Etienne Bernard & Jean
Levifey, Echevins de la Ville de
Dijon, ont demandé de parler à la
Cour ; & étant entrés par ordonnance d'icelle, ont dit, par la voix
dudit Bernard, qu'ils avoient été
députés par la Chambre de Ville,
pour faire entendre à la Cour quelle
étoit la néceffité de ladite Ville, les
hoftilités & courfes que les enne-
nemis faifoient chaque jour jufqu'aux portes de ladite Ville, &
prenoient les bons Habitans vac-
quans à leurs affaires. A quoi de-
firant pourvoir, ils avoient donné

le meilleur ordre qu'il leur avoit
été poffible, pour la fûreté du dedans ; mais pour le dehors, ayant
eftimé qu'il n'étoit raifonnable d'ex-
pofer les Habitans au hazard de
leur vie, ils ont arrété & choifi un
nombre de gens de pied & de cheval, pour empêcher les courfes des
ennemis, qu'il eft néceffaire de fou-
doyer, afin de les retenir, encou-
rager & difcipliner, ce qu'ils ne
peuvent faire parceque les moyens
leur manquent, ayant cherché &
mandié deniers tant dans la Ville
qu'ailleurs, avec bonnes cautions &
affurances : toutefois, par le malheur du temps, ils ont trouvé toutes
les bourfes fermées. Et à ce moyen
ils ont été chargés de fupplier la
Cour, tant en général qu'en particulier, de les vouloir aider & fe-
courir en cette néceffité, à la charge d'entrer en telle obligation que

les créanciers voudront choisir, soit
de tout le Corps de ladite Ville ou
des particuliers, en leurs propres
& privés noms; que si ce secours
ne se trouvoit, qu'ils avoient résolu de prendre par tête, sur chacun des Habitans, une légère somme, selon les moyens & facultés
des Particuliers, par l'espace de
deux ou trois mois; pendant lequel
temps on avoit besoin de mettre &
retirer en ladite Ville les grains &
vins qui étoient sur terre, ce qui
ne se pourroit faire qu'avec le consentement de tous ceux qui y pouvoient avoir intérêt. Et à ce moyen
ont supplié la Cour de députer aucun d'icelle pour assister à l'assemblée qui seroit faite l'après-diné
à la Chambre de Ville, parceque
les soldats sont aux Fauxbourgs,
qui pressent & demandent vive-
ment de l'argent. Sur quoi il leur

a été dit, qu'il y seroit avisé &
pourvu. Et iceux retirés.

Les Chambres assemblées, l'affaire ci-dessus proposée par lesdits
Echevins, mise en délibération, a
été arrêté, que Commissaires seront
députés pour assister à l'Assemblée
de la Chambre de Ville, afin de
remontrer les contributions ci-devant faites, les retranchemens de
gages pour trois quartiers, & l'absence de plusieurs de cette Compagnie. Et néanmoins que la Cour,
pour l'urgente nécessité, contribuera en Corps à proportion de ce
que tous les autres Habitans paye-
ront, & que ladite Cour a accoutumé à contribuer en tel cas, eu
égard à ce que dessus. Et sera ladite contribution levée pour le regard des Officiers qui ont gages,
sur les deniers qui leurs sont dus de
leurs gages, qui leur seront dé-
duits

duits & précomptés par le Payeur
de leursdits gages, suivant le dé_
partement qui en sera fait de l'au_
torité de la Cour ; & quant à ceux
qui n'ont aucuns gages, Officiers des
Sceaux, veuves tant d'Officiers de
ladite Cour que dudit Sceau, qui
ont accoutumé de contribuer avec
ladite Cour, leurs cottes seront baillées au Receveur qui sera commis
par la Ville pour en faire le recou-
vrement, & à cet effet ont été commis MM. Louis Odebert & Guy
Catherine, Syndics de la Cour.

Du Samedi 12*, les Chambres*
assemblées.

Le Chevalier de Dio ayant fait
entendre par le Greffier, qu'il desiroit parler à la Cour, a été dit,
qu'il lui sera baillé entrée & séance au Bureau, où ayant pris place,

K

il a dit, qu'il avoit été envoyé par
M. le Duc de Mayenne, Lieutenant Général & du Conseil de l'E-
tat Royal & Couronne de France,
pour donner avis à la Cour de la
miraculeuse délivrance de cet Etat,
avenue par la mort du Roi, occis
par un Jacobin, le plus simple de
de son Couvent, âgé de 24 ans.
Que le 31 Juillet dernier, ce Jacobin ayant communiqué à aucun de
ses Compagnons, s'il étoit permis
de tuer un Roi hérétique, parlant
de l'hérésie du Roi & du Roi de
Navarre, se résolut de tuer le Roi,
& après avoir dit sa Messe, s'en
alla à S. Cloud, où il coucha, &
s'adressa au Procureur Général de
la Guesle, auquel il dit qu'il apportoit des Lettres au Roi, & mon-
tra un passe-port du Comte de
Brienne, & qu'il y avoit moyen de
faire entrer le Roi en la Ville de Pa-

ris par la Porte S. Honoré : incontinent ledit Jacobin eſt mené au Roi par ledit ſieur de la Gueſle, ſur les cinq heures du matin ; & comme le Roi liſoit les Lettres qu'il lui avoit données l'une après l'autre, il tira un couteau de ſa manche, & le lui plongea dans le bas-ventre. Soudain le Roi ſe jette ſur ledit Jacobin & lui ôte le couteau, dont il fut encore bleſſé à la main, & à l'inſtant ledit Jacobin fut tué par les Gardes. Le Roi mourut à une heure après minuit, ſans parler à Clerc ni Prêtre, & fut ſa fin telle qu'avoit été ſa vie. Il eſt mort au temps de l'excommunication contre lui lâchée, & pendant la Fête de la délivrance de S. Pierre-aux-Liens ; auſſi peut-on dire que nous avons été délivré du plus grand tyran qui fut au monde. On a dit qu'on vouloit porter ſon corps à

Senlis. Outre ce, a dit, que M. le Duc de Mayenne lui a commandé de préfenter fes Lettres à cette Compagnie, qu'il a mifes fur le Bureau, & a prié la Cour de reconnoître la grande grace que Dieu nous a faite, & croire que M. de Mayenne n'a été meû en cette part d'aucune ambition, mais d'une bonne & fincère affection qu'il porte à l'Eglife Catholique & à l'Etat. L'on a déclaré Roi le Cardinal de Bourbon, qui devoit être proclamé Roi au Parlement de Paris, Samedi dernier. Qu'il eft befoin de s'unir tous fous l'obéiffance du nouveau Roi. Et quant à ceux qui voudront tenir le parti du Roi de Navarre, il les faut déclarer hérétiques formels; & quiconque en parlera, il le faut tenir pour tel, & le punir comme hérétique.

Et les Lettres dudit fieur de

Mayenne lues , ledit Chevalier de Dio a dit, qu'il a befoin de pardonner à tous, & oublier le paffé.

Ce fait , M. le Premier Préfident lui a dit, que fur les particularités qu'il a préfentement déclarées, l'on prenoit avis certain de ce qui étoit avenu , pour prier Dieu que ce foit à fon honneur, au repos du Royaume, & particulièrement de cette Province, qui a été fort travaillée fous un prétexte qui eft levé par la mort du Roi. Que cette Compagnie n'a befoin d'être plus amplement informée des déportemens dudit fieur de Mayenne, comme étant connus d'un chacun pour entiers ; mais que fi jamais le Royaume fût en état de prendre Corps, c'eft maintenant à quoi pourront fe voir les plaintes & prières que chacun du Peuple devoit continuer, encore qu'on ait mérité de plus grandes afflictions que celles que l'on a reſſenties. Quant à cette Compagnie, qu'elle aviſeroit de pourvoir à toutes choſes, pour réunir & ramener chacun à ſon devoir, afin que cette Province ſoit aſſurée, & demeure en repos. Et que pour y parvenir, la Cour prendra les plus ſalutaires délibérations qu'elle pourra imaginer. A quoi il a prié Dieu vouloir l'aſſiſter. Et ayant ledit ſieur Premier Préſident fini ſon propos, ledit Chevalier de Dio s'eſt retiré, après avoir fait entendre qu'il alloit à Rome devers ſa Sainteté, pour y favoriſer les affaires de cet Etat, & y donner toute aide & ſecours ; & que s'il pouvoit quelque choſe pour la Compagnie en général, & pour tous les particuliers qui la compoſent, il s'y employeroit volontiers. Dont il a été remercié.

Enſuit la teneur des Lettres de M. de Mayenne.

Meſſieurs, je vous ai déja donné avis, dès le premier de ce mois, de la mort du Roi avenue le jour auparavant ; & néanmoins craignant que le Courier n'ait été ſurpris par les chemins, j'ai prié M. le Commandeur de Dio, préſent porteur, de vous faire entendre bien particulièrement comme toutes choſes ſe ſont paſſées, & vous conjurer de ma part de tenir ſoigneuſement la main à la conſervation de l'Etat & de la Religion Catholique, & faire que toutes choſes ſe paſſent avec la tranquillité que je vous ai ci-devant promiſe. Je m'aſſure que vous y procéderez avec votre prudence accoutumée & la maturité qui eſt néceſſaire en une occaſion ſi

importante. Je prie Dieu, Meffieurs, m'étant affectueufement ré-
commandé en vos bonnes graces,
qu'il vous ait en fa fainte & digne
garde. De Paris, ce 4 Août 1589,
Votre entièrement & plus affectionné ami, Charles de Lorraine.

Superfcrites : A MM. du Parlement de Dijon.

La Cour dûment informée de la
mort du Roi avenue le 1er du même
mois d'Août, vu les Edits des mois
de Juillet & d'Octobre 1588, fervant de Loi fondamentale en ce
Royaume, a enjoint & enjoint à
tous Princes, Seigneurs tant Eccléfiaftiques, Gentilshommes, Officiers de Parlement & Chambre
des Comptes de la Province, &
Habitans des Villes, Communautés & plat-Pays, qu'autres, de
quelque qualité & condition qu'ils
foient, de s'unir pour la Religion
Catholique,

Catholique, Apoſtolique & Romaine, enſemble de l'Etat de ce Royaume & extirpation des Héréſies. Et à cet effet y employer toutes leurs forces & moyens, juſqu'à leurs propres vies, ſuivant le ſerment qu'ils en ont prêté en vertu deſdits Edits. *Leur fait inhibitions & défenſes de reconnoître pour Roi, Henri Roi de Navarre, le favoriſer & lui bailler aide en quelque manièıe que ce ſoit, directement ni indirectement, à peine d'être punis comme Hérétiques & Perturbateurs du repos public.* Et afin de faire ceſſer toutes diviſions, a inhibé, défendu & défend à toutes perſonnes de quelque qualité & condition qu'elles ſoient, de renouveller la mémoire des choſes paſſées, ni d'uſer de paroles tendantes à ſédition, au préjudice de ladite ſainte Union. Ordonne que les Habitans des Villes rece-

L

vront tous les Officiers & Habitans Catholiques defdites Villes qui, à l'occafion des troubles paffés, en peuvent être fortis pour jouir de leurs biens, états & Offices, comme ils fouloient faire auparavant. Et pour pourvoir à la fûreté de cette Province, & à l'adminiftration de la Juftice felon les occurrences, a déclaré & déclare que le Parlement continuera fa féance pendant les vacations comme à l'ordinaire. Sera le préfent Arrêt lu, publié Lundi prochain en l'Audience publique, & par les carrefours de cette Ville de Dijon, & les extraits d'icelui envoyés ès Baillages de ce Reffort pour y être pareillement lus & publiés, afin qu'aucun n'en puiffe prétendre caufe d'ignorance.

A été retenu, qu'il fera écrit particulièrement au nom de la Cour aux fieurs Comte de Charny, de Biron, de Tavannes, de Ragny, de Cypierre, de Lux & de Sennecey, pour les inviter de faire ceſſer toutes les hoſtilités, & rétablir le repos en cette Province; & qu'il leur ſera envoyé extrait de l'Arrêt ci-deſſus.

Comme auſſi ſera écrit aux ſieurs Préſidens, Conſeillers & Gens du Roi abſens, pour retourner & venir faire leurs charges; après toutefois que les Vicomte-Maïeur & Echevins de cette Ville auront été mandés, pour leur donner toute ſûreté, & à cet effet ſeront avertis de ſe retrouver à la relevée.

Pour le regard du Sceau a été fait & ſigné l'Arrêt qui s'en ſuit:

La Cour, les Chambres aſſemblées, pour pourvoir à ce que les expéditions de Juſtice ne ſoient retardées au Reſſort d'icelle , pour raiſon de la mort du Roi na guères avenue , a ordonné & ordonne , que toutes les expéditions & proviſions de Juſtice ſujettes à être ſcellées , ſeront expédiées ſous le nom de la Cour , & ſcellées du ſcel d'icelle ; lequel à cet effet ſera mis ès mains de Mᵉ Claude Bretagne , comme plus ancien Conſeiller d'icelle , qui ſcellera en préſence des Audienciers & Contrôleurs en la Chancellerie , ou leurs Commis , qui recevront l'émolument dudit ſcel pour en tenir compte au profit du Roi , juſqu'à ce qu'autrement il y ait été pourvu.

Et a été dit , qu'extrait dudit Arrêt ſera délivré à Mᵉ Jean Moiſſon , Maître des Requêtes , ayant à préſent la garde des Sceaux , à ce qu'il s'abſtienne de plus ſceller. Auſſi ſera ledit Arrêt ſignifié aux Audienciers & Contrôleurs, & aux Syndics de ladite Cour.

Dudit jour de Relevée, les Chambres assemblées.

Sur l'avertissement donné par M. le Goux, Avocat du Roi, qu'il y avoit en la Chambre des Huissiers un Gentilhomme qui avoit un paquet à donner à la Cour, de la part de M. de Mayenne, les Chambres ont été assemblées, & de leur ordinaire on a donné entrée audit sieur le Goux, qui a dit : Qu'il étoit arrivé un Gentilhomme de la part de M. de Mayenne, qui étoit chargé de présenter à la Cour un Edit important, qu'il n'a voulu donner qu'à ladite Cour elle-même, requérant qu'il fût introduit. Ce qui a été ordonné, & qu'il sera assis au Bureau. Où étant affis, il a dit, que M. de Mayenne l'avoit chargé d'apporter ces Lettres Patentes à la Cour , qu'il a mifes fur le Bureau , & a déclaré n'avoir autre chofe à dire à la Cour de la part dudit Seigneur. Et s'étant retiré, lecture a été faite defdites Lettres ; & ledit fieur le Goux, Avocat du Roi, en a requis la publication & l'enregiftrement, tant à la Cour qu'aux Baillages du Reffort.

Du Mercredi 26.

VEU les Lettres de déclaration du fieur Duc de Mayenne du 5 du préfent mois d'Août, par lefquelles tous Princes, Prélats, Officiers de la Couronne, Seigneurs, Gentils-hommes, & tous autres, de quelque qualité & condition qu'ils foient, font admoneftés, exhortés

& requis, de se joindre, réunir &
rallier avec ledit sieur de Mayenne
& Conseil Général, pour porter
les armes contre les Hérétiques,
ou se retirer en leurs maisons, aux
charges & conditions y contenues ; & les Conclusions ci-dessus
verbalement prises par les Gens
du Roi , a été dit : Que lesdites
Lettres seront aujourd'hui publiées
à l'Audience & par les carrefours
de la Ville, & les Extraits d'icelles
envoyés ès Baillages du Ressort,
pour y être pareillement lues, publiées & enregistrées.

Du Samedi 2 Septembre.

VEU la Requête du Procureur
Général , à ce que deux Commissaires soient députés pour informer des discours & propos semés
& tenus en cette Ville de Dijon ,

à l'avantage & faveur de Henri de Bourbon, Roi de Navarre, & autres Hérétiques, fur les mémoires & inftructions que donneroit le Procureur Général ; & à cet effet cours de Monitoire accordé pour découvrir tels crimes. La Cour, les Chambres affemblées, a ordonné & ordonne qu'il fera informé, & cours de Monitoire par lui requis, pour avoir révélation de tels faits & difcours.

Du Mardi 5, les Chambres affem-
blées.

VEU la Requête du Procureur Syndic des trois Etats de ce Pays, à ce qu'en caffant tous jugemens donnés par ceux qui fe font retirés au lieu de Flavigny, inhibitions & défenfes leur fuffent faites d'ufurper la qualité de Parlement, &

sous ce titre faire aucuns jugemens, decrets, ou commandemens, à peine d'encourir les peines introduites de droit contre les Criminels de Lèze-Majesté, à toutes personnes tant Gentilshommes qu'autres, d'y obéir, à tous Ministres de Justice de les exécuter, à peine d'être déclarés rebelles au Roi ; & qu'il sera permis de courir sus comme sur gens diffidés & ennemis de la Patrie. Copie des Déclarations faites tant par Henri Roi de Navarre, qu'aucuns Seigneurs & Gentilshommes de ce Royaume, le 4 Août dernier. Vérification & publication d'icelles faites audit Flavigny le 28 d'icelui mois : Conclusions du Procureur Général ; la Cour, les Chambres assemblées, a fait & fait inhibitions & défenses à tous Présidens, Avocats & Procureur Général, & autres Officiers, d'ufurper le titre de Parlement, ni exercer leurs charges qu'en celui établi de tout temps en la Ville de Dijon; à tous Seigneurs tant Ecclé-fiaftiques, Gentilshommes, Habitans des Villes & Communautés de ce Reffort, que tous autres, de quelque condition qu'ils foient, de les reconnoître, ni obéir à leurs jugemens., Decrets ni Ordonnances; à tous Huiffiers, Sergens Royaux & autres Miniftres de Juftice, de les mettre à exécution, à peine d'être punis comme Perturbateurs du repos public. A déclaré & déclare nuls & de nul effet tous Jugemens faits ou à faire par lefdits Préfidens & Confeillers audit Flavigny, ou autres lieux hors cette Ville de Dijon. A réfervé & réferve toute action aux parties condamnées, tant contre iceux Préfidens & Confeillers, que les parties ayant

pourſuivi leſdits Jugemens, Huiſſiers & Sergens, qui les auront mis
à exécution, leurs Veuves & Hé-
ritiers. En outre a inhibé & défendu à tous leſdits Seigneurs, Gentilshommes, Officiers, Magiſtrats
des Villes, Bourgs & Communautés de ce Reſſort, & tous autres,
d'exercer ou permettre & ſouffrir,
qu'il ſoit fait exercice d'autre Religion, que la Catholique, Apoſtolique & Romaine, ſous peine
d'être déclarés Criminels de Lèze-
Majeſté Divine & Humaine ;
comme auſſi de lever deniers ſur
le Peuple, ni faire aucun amas
d'armes, ni enrôlemens de gens
de guerre, ſoit de cheval ou de
pied, ſans Lettres & commiſſion
expreſſe du Roi ou de ſes Lieutenans Généraux, à peine de confiſ-
cation de corps & de biens. Enjoint aux Baillifs, Gentilshommes,

Prévôts des Maréchaux, Magiftrats
& Habitans des Villes & Communautés dudit Reffort , de fe faifir
des Capitaines, Soldats & Gens
d'Armes , qui contreviendront au
préfent Arrêt, pour les repréfen-
ter à Juftice, & être contre iceux
procédé ainfi qu'il appartiendra;
& en cas de réfiftance, a permis &
permet auxdits Baillifs & Gentilshommes d'affembler les Habitans
defdites Villes & Communautés,
pour leur courir fus, & les tailler
en pièces. Et fera le préfent Arrêt
lu & publié à la diligence dudit
Syndic des Etats, par toutes les
Villes des Baillages & Sièges dudit Reffort, à ce que perfonne n'en
puiffe prétendre caufe d'ignorance.

*Dudit jour de Relevée , les Cham-
bres affemblées.*

VEU la Requête du Procureur

Général , à ce que deux Commiſſaires fuſſent députés pour impu-
ter des contraventions à l'Arrêt du
12 Août dernier , ſur les mémoires
& inſtructions qu'il donneroit , &
que pour découvrir les crimes y
mentionnés , cours de Monitoire
lui fut octroyé. Leſdits mémoires
& inſtructions , & tout conſidéré :

LA COUR , les Chambres aſſemblées , a ordonné *Qu'il ſera informé par Commiſſaires contre tous ceux
qui adhérent & favoriſent le parti du
Roi de Navarre , ſoit en deniers ,
armes , munitions , ou mémoires , avis
& inſtructions ; maintiennent & per-
ſuadent qu'il a droit au Royaume de
France.* Comme auſſi de ceux qui
détractent de la puiſſance & autorité du Pape , & divulguent les
livres & diſcours contraires à icelle.
A cet effet octroye audit Procureur
Général cours de Monitoire , ſans

exception d'aucunes perſonnes. Et pour faire ladite information, ont été commis Mes Louis Odebert & Jean Bouhier, Conſeillers du Roi & Syndics de ladite Cour.

Saint-Martin 1589.

Le Lundi 13 Novembre, à ſept heures & demie du matin, Meſſieurs les Préſidens, Chevaliers, Conſeillers, Gens du Roi & Greffier de la Cour du Parlement de Dijon, ci-après nommés, ſe ſont retrouvés en la Grand'Chambre du Palais; vêtus leſdits ſieurs Préſidens de leurs Manteaux fourrés, & Mortiers en main, & leſdits Sieurs Conſeillers, Gens du Roi, & Greffiers, de Robes rouges & Chapperons fourrés; & ſont allés à la Sainte-Chapelle du Roi, où la Meſſe du Saint-Eſprit a été dite. Et à l'iſſue d'icelle, font retournés en ladite Chambre, où la Lifte defdits Sieurs Préfidens, Chevaliers & Confeillers a été lue, felon qu'elle eft ci-après ; & fe font tous retrouvés, à la réferve de Meffieurs Jeannin, Fremyot & Bourgeois, troifième, quatrième & cinquième Préfidens, de Saulx & de Nangut, Chevaliers ; Bourgeois, Colard & Odebert, Tifferant, Saumaife, tous Confeillers à ladite Cour. Et a été excufé le fieur Fyot, pour indifpofition. Ce fait, lefdits Sieurs Préfidens & Confeillers font allés feoir fur les fleurs de lys, à l'Audience, & ont procédé à l'ouverture du Parlement, par la réception du ferment des Avocats & Procureurs.

Enfuit la Lifte defdits Sieurs Préfidens, Chevaliers & Confeillers de ladite Cour en cette année 1589.

PRÉSIDENS,

Meſſire Denis Brulard, Premier Préſident.

Meſſire Bernard Desbarres, Second Préſident.

Meſſire Pierre Jeannin, Troiſième Préſident.

Meſſire Benigne Fremyot, Quatrième Préſident.

Meſſire Claude Bourgeois, Cinquième Préſident.

Meſſire Nicolas de Montholon, Sixième Préſident.

CHEVALIERS,

Meſſire Jean de Saulx, Vicomte de Ligny, Chevalier de la Cour.

Meſſire Jean de Nagut, Sieur de Varenne, auſſi Chevalier.

CONSEILLERS,

CONSEILLERS,

Me Claude Bretagne.
Me Claude Bourgeois.
Me Pierre Colard.
Me Pierre Odebert.
Me Benigne Tisserant.
Me Jerôme Saumaise.
Me Jean Fyot, l'aîné.
Me Robert Baillet.
Me François Briet.
Me Benigne de la Verne.
Me Louis Odebert.
Me Guy Catherine.
Me Jean Bouhier.
Me Jean de Mallerois.
Me Gabriel Brenot.
Me Claude Catherine.
Me Philibert Tixier.
Me Jean Cothenot.
Me Pierre Boursaut
Me Benigne Milletot.
Me Phillippe Baillet.
Me Benigne de Cirey.
Me Jean Fyot, puisné.

Me Jean Gagne.
Me Jacques Valon.
Me Perpétue de Berbisey.
Me Benigne Ocquidam.
Me Pierre Carré.
Me Pierre Bouhier.
Me Jacques Bossuet.
Me Jean de Xaintonge.
Me Etienne Bernardon.
Me Pierre de la Grange.
Me Jean Morin.
Me Joseph de Verons.
Me Claude Petot.
Me Jean Blondeau.
Me Jacques Thomas.
Me Michel Milliere.
Me Jules Bretagne.
Me Jean Quarré.
Me Simon Hugon de la Reynie.
Me Isaac Bretagne.

M. le Premier Président a dit, que ce matin, aucuns des Echevins de cette Ville lui ont fait entendre, que sur l'avis qu'ils ont eu des remûmens survenus na guères à Paris, ils s'assemblèrent le jour d'hier en la Chambre de Ville, comme ils

M

feront encore ce jourd'hui de relevée, pour aviſer à la tranquillité
de la Province, ſûreté & repos de
la Ville, & empêcher qu'aucun inconvénient n'y avienne ; & qu'ils
voudroient bien que la Cour députât Commiſſaires pour s'y trouver,
& entendre les propoſitions qui s'y
feroient, qui concernoient la ſûreté de la Province, de la Ville en
général, & de cette Compagnie
en particulier, dont il a cru devoir
avertir la Compagnie, & la prie
d'aviſer, s'il feroit bon de députer
quelqu'un d'icelle pour aſſiſter à
ladite Aſſemblée, & y donner aide
& conſeil, ſelon les affaires qui s'y
traiteront. Ce qui ayant été mis en
délibération, a été dit, que Commiſſaires feront députés pour aſſiſter
à ladite Aſſemblée, entendre les
Cauſes d'icelle, & y donner conſeil pour le repos & la ſûreté de la

Province & de la Ville. A cet effet,
ont été députés Meſſieurs Desbarres, Préſident, Odebert & Bouhier,
Conſeillers & Syndics de ladite
Cour.

Du Lundi 20, *les Chambres aſſemblées.*

M. le Premier Préſident a dit,
que le ſieur de Senecey étant arrivé
en cette Ville pour y commander,
lui a fait entendre, qu'il deſiroit
ſaluer la Cour ce matin, & qu'il
falloit aviſer à ſa ſéance, telle &
ſemblable, qu'on l'a donnée ci-
devant au ſieur de Fervaque. Sur
ce, a été conclu, que ledit ſieur de
Senecey aura place & ſéance au
banc des Conſeillers, & au-deſſus
d'eux, du côté de la Chapelle.

A l'inſtant, ledit ſieur de Senecey
entré & aſſis audit banc, a dit, que

depuis la mort du feu Roi, il a été plusieurs fois commis, par le sieur de Mayenne, pour venir commander en cette Province, en son absence, & pour l'indisposition de M. Legrand; qu'il a différé jusqu'à ce qu'il ait été requis par les Maire & Echevins de cette Ville, & autres de la Province; s'étant acheminé par-deçà, pour rendre à sa patrie ce que naturellement il lui doit, & offrir à la Cour, en général & en particulier, tout ce qui dépend de lui. A bien été averti, que la Cour, par sa prudence accoutumée, a donné de judicieux & saints Arrêts; que le Peuple estime, que l'on procédera à l'exécution d'iceux; de sa part, il l'en supplie, & de continuer en cette bonne volonté, comme étant la lumière & le flambeau de la Province, & il s'emploiera à la conservation de l'auto-

rité & dignité d'icelle de tout son
pouvoir, & à la tranquillité & repos de ladite Province, & particulièrement à rendre service à cette
Compagnie. A quoi M. le Premier
Président a répondu, que la Compagnie avoit beaucoup de joie de
le voir, & s'assuroit que la charge
à lui commise apporteroit du repos
& de l'avantage, qui se répandroit
par toute la Province, en ce qu'il
maintiendroit la Justice en sa splen-
deur, & le peuple en son devoir,
par le moyen de la force qui lui
étoit mise en main. Que par le passé
on avoit vu plusieurs troubles & re-
mumens, pour raison desquels on
a donné plusieurs Arrêts, qui ne se
peuvent aisément exécuter qu'avec
la force, & une bonne union & intelligence, laquelle étant entre la
Cour & lui, il y auroit moyen de
remettre toutes choses en leur pre-

mier état. Que ses déportemens du
passé marquent assez sa bonne volonté, & que ladite Cour le recon-
noîtroit, tant à cause de lui, de la
mémoire de ses prédécesseurs, que
de toutes ses belles actions connues
ès affaires où il avoit été employé,
& lui donneroit avis & conseil en
toutes occasions, selon les occurrences.

*Du Lundi 11 Décembre, les Cham-
bres assemblées.*

M. le Premier Président a apporté
Lettres du 10 de ce mois, écrites
à la Cour par le sieur de Senecey,
qu'on a ouvertes & lues; & par
icelles avertit la Cour, que M. le
Cardinal Cajetan, Légat du Pape,
devoit arriver à Dijon cejourd'hui,
afin de se préparer pour le recevoir:
ce qui ayant été mis en délibéra-

tion, & vu le Regiſtre de ce qui fut fait à l'endroit de M. le Duc de Mayenne, Gouverneur & Lieutenant Général pour le Roi en cette Province, le 21 Juillet 1574, a été conclu, que deux de Meſſieurs les Préſidens & huit Conſeillers, ayant devant eux deux Huiſſiers, vêtus de leurs robbes longues & la verge en main, iront, comme Députés de la Cour, trouver ledit ſieur Légat juſque devant l'Hôpital du Saint-Eſprit, pour le ſaluer & congratuler de ſa bien-venue. Et à cet effet, ont été députés Meſſieurs les Premier & Second Préſidens, Baillet, Odebert, Catherine, Bouhier, de Mallerois, Brenot, Fyot & Gagne, Conſeillers.

Ledit jour, environ ſur les trois heures après-midi, leſdits Sieurs ſe ſont aſſemblés au logis de M. le Premier Préſident, & tous vêtus de

robbes à larges manches & la cor-
nette deſſus , ſe ſont acheminés à
pied juſques devant le Couvent des
Carmes, ayant à leur tête deux Huiſſiers vêtus de robbes d'Audience &
bourrelets , tenans une baguette
dreſſée ; où étant, ont été avertis
que ledit ſieur Légat ne s'arrêteroit
devant le Saint-Eſprit , à cauſe de la
pluie & mauvais temps , & alloit
deſcendre en l'Egliſe de la Sainte-
Chapelle ; ce qui a été occaſion ,
qu'ils ſont allés attendre ledit ſieur
Légat en la Salle du logis du Roi.
Et à ſon arrivée ſe ſont préſentés à
lui, & l'a ſalué ledit ſieur Premier
Préſident, au nom de la Cour, &
tenu propos en Latin de congratu-
lation de ſa bien-venue : lequel fini ;
la réponſe dudit ſieur Légat ouie,
ſe ſont retirés.

LETTRE

LETTRE du Pape, au Parlement.

SIXTUS, PP. V.

DILECTI FILII, Salutem, & Apostolicam Benedictionem. Etsi magnam omnium vestrûm pietatem, divinum zelum, sinceritatem & constantiam tàm in salute vestrâ protegendâ, tàm in fide Catholicâ servandâ commendare non desistimus; tamen si vestrâ vigilantiâ vestrâque sententiâ effeceritis, ut optimus Rex pro publicâ honestate & utilitate quietam possessionem adipiscatur, eas & prædicare & exornare non desinimus; atque eo nomine dilectus Filius noster Henricus, Cardinalis Cajetanus, noster & Sedis Apostolicæ de Latere Legatus, vobis coram, vel per Litteras, vel per Nuntios, ea, quæ nostrâ authoritate & efficienda & procurenda funt , diligenter & fideliter explicabit. Intereà aures veftras juftiffimis , rectiffimis , & commodiffimis ejus confiliis libenter præbere , & gratiam & authoritatem veftram rebus per eum gerendis accommodare poteritis , & quod temporis beneficio aliquando frui oporteret , id in præfenti confilio & officio veftro honeftiùs & celeriùs fiat. Datum Romæ, in Monte Quirinali , fub annulo Pifcatoris , die fecundâ Octobris 1589. Pontificatûs noftri anno quinto.

M. VESTRIUS BARBIANUS.

Dilectis Filiis Præfidibus & Confiliariis Parlamenti Divionenfis.

DISCOURS du Patriarche d'Alexandrie , à la Cour.

SANCTISSIMUS P. N. SIXTUS V. Pont. Max. non fine fumma animi

perturbatione audivit Regnum Galliæ quondam florentissimum hære-
ticorum perfidiâ in factiones divul-
sum, & mutuis suorum Civium cla-
dibus attritum in certum discrimen
&ultimas calamitates esse redactum,
cogitabat amantissimus Pater Gal-
licanam Ecclesiam, quæ prima B.
Petri filia à Sanctissimis Pontificibus
vocabatur, in sordibus & squallore
jacentem aspectu & exhortationibus
suis sublevare, & eam illi laboranti
opem non denegare, quam olim
veteres Galli Romanæ Ecclesiæ in
difficillimis temporibus egregiâ cum
laude præstiterunt. Verumtamen
Pastoralis officii curis impeditus,
deliberatione maturâ præhabitâ,
creavit suum, & Sanctæ Sedis Apostolicæ de Latere Legatum, Illu
& Reverendiss. Pater Beatiss. He
ricum, Cardinalem Cajetanum,
Sanctæ Romanæ Ecclesiæ Came-

rarium ; cujus Legationis is eſt præ-
poſitus finis, ut Sedis Apoſtolicæ
Conſiliis opibus atque authoritate
diſſidia tollantur , boni excitentur
& confirmentur ; hoſtes Eccleſiæ,
vel reſipiſcant , vel confundantur ;
pax denique ſub Rege Catholico
unanimi conſenſu declarato conſti-
tuatur. Cùm verò Provincia hæc
nobiliſſima in fidei Catholicæ poſ-
ſeſſione adipiſcendâ & retinendâ
ſemper primas obtinuerit partes ,
Sanctiſſ. P. N. inter cætera man-
data illi injunxit , ut per Burgun-
diam iter facturus Senatui huic
ornatiſſimo, Apoſtolicâ benedictio-
ne præmiſſâ , Sanctitatis ſuæ Litteras redderet ; quod ego munus Il-
luſtriſſimi Legati nomine obiturus,
ſententiam paucis verbis ex-
am. Primùm, ex animo vobis
gratulatur de tam illuſtri amoris
fidei & pietatis ſignificatione, quàm

B. Petro & ejus Succeſſori in Legatione hâc excipiendâ præſtitiſtis.
Deindè rogat & obteſtatur vos
per monumenta & decora majorum veſtrorum, per ruentis Galliæ
ſalutem, ne, datis præclaris fidei
veſtræ documentis, deficiatis in hâc
rerum omnium perturbatione, ſed
ſtudium veſtrum integrum & invio-
latum Catholicis Principibus con-
ſervetis, & fortunas, liberos, vitam
potiùs eripi patiamini, quàm ut
veſtrâ authoritate atque conſenſu
Rex hæreticus populis Catholicis
imperet : decet enim Burgundis,
qui authores fuiſſe perhibentur Re-
gibus Gallis Chriſtianos ritus ſuſci-
piendi, non permittere eos falſis &
peregrinis doctrinis à Catholicâ ve-
ritate abduci. Poſtremò Illuſtriſſ.
Legatus Sanctitatis ſuæ nomine vobis offert quidquid poteſt & debet
gratus & amans Pater ; illudque

N 3

inprimis vobis præcipit , se non laboribus aut sumptibus , non denique
sangini suo parsurum , ut Gallia sub
Rege Catholico ad pristinam digni-
tatem & majestatem revocetur.

*RÉPONSE de M. le Premier Président,
au Patriarche d'Alexandrie.*

REVERENDISS. PATRIARCHA ,
Senatus mirabili animorum consen-
su , & eâdem hilaritate Summi Pontificis Litteras accepit , quas ille
paternâ in suos charitate & scri-
bendas, & mittendas judicavit. Sum-
ma consensio totius Ordinis hujus ,
in his maximè , quæ ad Religionem
pertinent, ab antiquis ad hæc usque
tempora , protestata est nihil ma-
jores nostros , neque nos illorum
exemplo prius aut præstantius un-
quam habuisse, aut habere, Religione Cath. Apost. & Romanâ ; in eâ si

quæ collapsa aut violata fuêre, se-
veris legibus judiciisque vindican-
da & coërcenda semper censuit &
decrevit Senatus. Non enim sumus
ii quorum animi vagentur errori-
bus, similes iis qui curiosa sectan-
tes omni vento doctrinæ circum-
feruntur ; sed ità docti & eruditi,
ut non facti, sed nati, non insti-
tuti, sed imbuti ad veræ pietatis &
justitiæ cultum videamur. Justitiæ
dico, cujus origo in Religione, ra-
tio in æquitate posita est ; & nunc
quod veluti currentes nos incitat,
suisqué Litteris hortatur Summi
Pontificis augusta sanctitas, efficiet
profectò ut tales fide & constantiâ
esse perseveremus, quales nos esse
verbis & oratione profitemur ; ad
quod vel maximè faciendum mul-
tùm ponderis habet scribentis au-
thoritas ; nàm cùm pariter loquan-
tur nobiles & ignobiles, oratio ta-

N 4

men æqua non æquivalet, sed certè
etiam adaugetur internuntii facun-
diâ singulari , virtutum cumulis &
morum præstantiâ , quæ omnia in-
te, Lectissime Patriarcha , maxima
esse facillimè cernuntur. Ex quo
effectum est ut Beatiss. Pater se-
cundas hujus sacræ & necessariæ
Legationis partes tibi demandaret,
cui pto tanto beneficio quas possu-
mus , non quas debemus , immor-
tales habemus gratias ; & tibi gra-
tulamur cum omni optimorum Civium acclamatione , quippe quòd
tuis vigiliis, laboribus & industriâ,
& tot clarissimorum virorum con-
siliis & prudentiâ, quos & Illustriss.
& Reverendiss. Dominus Cardinalis, Legationis Princeps, tecum
habet Assessores, speramus effectum
iri , ut errorum nebulis dissipatis ,
moribus omnium Ordinum emen-
datis , hæreticâ pravitate sublatâ,

[153]

intestinis seditionibus compositis,
sub Rege Catholico & Christia-
nissimo Respublica simul & Ec-
clesia diù desideratâ & optatâ pace
fruantur.

Lettre du Parlement au Pape.

BEATISSIME PATER.

ACcepimus litteras Sanctitatis
Vestræ per Illustriss. Cardinalem
Cajetanum, Vestrum & Sanctæ
Sedis Apostolicæ de Latere-Lega-
tum: quibus in Senatu recitatis,
auditoque susceptæ Legationis in
Galliam munere, pietatem Sanctitatis Vestræ in filios Ecclesiæ Catholicæ, & singularem pastoralis
providentiæ sollicitudinem, magnâ
cum admiratione intelleximus, pro-
bavimus, & laudavimus; eamque

ob caufam, & ad perpetuam veri
fidelisque Ecclefiæ Catholicæ pa-
rentis memoriam, & teftificationem
noftræ obfervantiæ ergà Sanctæ
Sedis Apoftolicæ & Ecclefiæ Romanæ authoritatem, eas ipfas litteras Sanctitatis Veftræ in acta re-
ferri juffimus, & fcriptis monu-
mentisque Curiæ confignari decre-
vimus. In hoc enim miferrimo totius Galliæ ftatu nihil poterat con-
tingere nobis utilius atque optatius
præclarâ illâ & Sacrâ Legatione,
quæ, maximâ omnium rerum perturbatione, atque extremi ferè
periculi metu recreat, & ad fpem
erigit meliorem, nos fummis iftis
difficultatibus, vel imminenti potiùs
exitio brevi liberatos ad fummam
tranquillitatem perventuros, præ-
fertim præfente & gubernante tali
Nauclero ; ille enim ab excelfâ
illâ Sede, tanquam ex altâ fpeculâ,

errantibus nobis , & tot diffiden-
tium opinionum procellis jactatis,
clariffimum lumen ad portum often-
ditur. Quod autem juftiffimis fa-
pientiffimisque confiliis Sanctitatis
Veftræ conftitutum effe ad Reipu-
blicæ & Ecclefiæ Gallicanæ falutem animadvertimus , illud ipfum
fummo ftudio & folitâ majorum
noftrorum fide & conftantiâ , ut
hactenùs , ità in pofterùm , Deo
optimo Duce & Adjutore , procu-
rabimus, omniaque confilia, curas,
cogitationes , adjumenta ad Catholicæ Fidei confervationem , ad pa-
triæ falutem , & Regis Chriftianif-
fimi defenfionem conferemus : ut-
que animofus ille Nauta rectam na-
vigationem , fic nos rectam mentem
ifto rerum fluxu adhibebimus , atque
iftam mentis rectitudinem ab ipfo
numine & fummo totius Ecclefiæ
Tribunali affumemus · ad quod ,

velut ad facram anchoram, rebus afflictis, recurrendum certò fcimus. .Si verò contrà aliquid tentatum fuerit, noftro & ufitato more feveris judiciis legibusque vindicabimus, quæque fanctiffimis confiliis decifa terminataque fuêre, farta tecta retineri fideliterque fervari curabimus ; quo magis tota Burgundiæ Provincia optimus Ecclefiæ ftatus & antiquitas fub Rege Catholico inconvulfis radicibus vigeat, excolatur, ametur. Divione, in Curiâ Parlamenti, 14.° Calend. Januarii, Anno Domini 1589. Deus Opt. Max. Sanctitatem Veftram Ecclefiæ fuæ diù fervet incolumen. Devotiffimi Præfides & Confiliarii Senatûs Burgundiæ.

Sanctitati Domini nostri Papæ.

Ce fait, les Chambres féparées,

l'Audience a été tenue, & y ont
aſſiſté leſdits ſieurs Patriarche,
Abbé de Cîteaux, & Coqueley.

Du Vendredi 15.

La Cour, les Chambres aſſemblées, pour donner occaſion à
tous les Sujets de ce Reſſort de ſe
maintenir en l'obéiſſance *du Roi
Charles Très-Chrétien* duement ré-
formée, que les expéditions qui
ſe font à préſent à Paris, ſont ſcellées du grand ſcel ſous le nom de
Charles X, Roi de France, a ordonné & ordonne que toutes les
expéditions & proviſions de Juſtice,
ſujettes à être ſcellées, ſeront ci-
après expédiées ſous le nom *de
Charles X, Roi de France* ; & ſeront ſcellées du grand ſcel, lequel ſera mis ès mains des Officiers
de la Chancellerie, ſelon que ci-
devant a été fait.

[158]

Du Jeudi 21.

MM. de la Cour ont affisté à la Proceſſion générale qui a été faite en l'Eglife de la fainte Chapelle, à laquelle étoit M. le Légat & autres Prélats de fa fuite ; comme auſſi le fieur Baron de Senecey s'y eft trouvé & marchoit après lefdits fieurs Préfidens, & s'eft affis en ce même rang avec lefdits fieurs de la Cour ès fièges à main gauche, d'autant que ledit fieur Légat occupoit les fièges de la main droite, où les fieurs de la Cour ont accoutumé de fe mettre. Et au-deſſous dudit fieur Légat & Prélats fe font mis MM. de la Chambre des Comptes.

Du Lundi 8 *Janvier* 1590.

Le Procureur Syndic de la Ville ayant demandé à parler à la Cour, icelui entré a fupplié icelle de la

part du Maire & Echevins de ceffer l'entrée au Parlement pendant
que les Réitres ennemis feroient
ès environs de cette Ville, d'autant qu'il étoit néceffaire de penfer à la garde & fûreté de la Ville.
A quoi lui a été répondu par M. le
Premier Préfident que l'on ceffe-
roit les Audiences pour quelques
jours, & néanmoins qu'on conti-
nueroit d'entrer les matinées feulement, pour pourvoir aux affaires
qui pourroient furvenir ; qu'il ait
cependant à avertir la Cour de
tout.

Dudit jour les Chambres affemblées.

M. de Senecey , Gouverneur
de ce pays, ayant fait dire qu'il
defiroit parler à la Cour, eft entré
de l'ordonnance d'icelle , après
avoir pris place au-deffus de MM.
les Confeillers, au banc du côté de

la Chapelle, a dit, qu'ayant toujours defiré de marquer la confi-
dération qu'il avoit pour cette
Compagnie, il a cru la devoir
avertir des avis qu'il a reçus de l'é-
tat de cette Province, des Etran-
gers qui y font, de ceux qui
viennent de l'Affemblée du fieur
de Tavannes & de la Veuve du
Maréchal d'Aumont avec forces :
qu'encore que les Ennemis ne
puiffent que fe morfondre, parce
que les bonnes Villes font bien
munies, & qu'on y a bien pourvu
& même en cette Ville ; néanmoins comme il ne faut être fur-
pris, a fupplié la Cour de députer
quelqu'un d'icelle pour affifter au
Confeil qu'il fe propofe d'établir,
& il invitera tous les autres Collèges & Compagnies d'en faire autant, pour enfemblement pourvoir
à ce qui concerne la fûreté de la
Ville

Ville & de la Province. A auſſi averti la Cour de la diſette du ſel, pourquoi il ſeroit bon d'écrire aux Gouverneurs du Comté & au Parlement de Dole pour en être aidé.

A encore remontré, qu'attendu le péril imminent, il ſeroit bon que MM. du Parlement ſe trouvaſſent à la garde des portes; ſur quoi M. le Premier Préſident a dit, que la Cour aſſiſtera toujours de ſes Conſeils ledit ſieur de Senecey pour la conſervation de cette Province. Qu'à l'égard du ſel, il y a longtemps qu'on en prévoit la diſette, & qu'il faudra que le Conſeil propoſé y pourvoie inceſſamment.

Ce que mis en délibération, a été arrêté que MM. les Préſidens Deſbarres & de Montholon aſſiſteront au Conſeil du ſieur de Senecey

O

pendant un mois, lequel passé, la Cour nommera d'autres Députés.

Il a été aussi conclu que lesdits sieurs du Parlement iront à la garde des portes à commencer dès demain. A cet effet sera fait Rolle d'iceux, pour y assister comme ils l'ont fait ès cas qui l'ont requis.

Du Jeudi 18.

Par commune délibération des deux Chambres, a été dit que MM. de la Cour ne continueront d'aller à la garde des portes, attendu que les Réitres étrangers sont hors de la Province ; & que s'il survient occasion de faire remonter la garde aux Officiers du Parlement, l'on recommencera à l'endroit de MM. qui étoient en tour d'y aller.

Du Mardi 23.

M. Le Goux , Avocat du Roi, ayant demandé à parler à la Cour, eſt entré, & a mis ſur le Bureau une Requête, à ce qu'il fût ordonné que tous les ſièges des Baillages de ce Reſſort, *les noms & ſurnoms des Baillifs qui portent les armes pour le Roy de Navarre ſeront rayés & ſupprimés des mandemens & expéditions de Juſtice, & expédiées ſous le nom du Baillif des lieux*, & a requis que toutes affaires ceſſantes il ſoit pourvu ſur ladite affaire, & s'eſt retiré.

Du Mercredi 24, les Chambres aſſemblées.

Veu la Requête du Procureur Général, à ce qu'il ſoit ordonné que tous les Sièges des Bailliages de ce reſſort, les noms & ſurnoms des Baillifs qui portent les armes pour le Roi de Navarre, ſoient rayés & ſupprimés · ès mandemens & expéditions de Juſtice, & expédiés fous le nom de Baillif des Lieux. La Cour, les Chambres af-femblées, *a ordonné & ordonne que les mandemens, commiſſions & expéditions de Juſtice des Bailliages, eſquels les Baillifs portent les armes pour le Roi de Navarre contre le Roi très-Chrétien, feront expédiées fous le nom général de Baillif, fans autre expreſſion des noms & qualités d'iceux.*

Du Samedi 17 *Février.*

M. Le Goux, Avocat du Roi, ayant demandé à parler à la Cour, icelui entré, a dit avoir reçu un paquet à lui-adreſſant, avec Lettres & Déclarations du Roi du 14 Décembre dernier, concernant la faiſie des Maiſons & Châteaux des Catholiques fuivans le Roi de Navarre. Lui retiré, lecture a été faite defdites Lettres, & ordonné la

communication au Procureur Général ; dont MM. de la Tournelle
ayant été avertis par M. Bourſaut,
ils ont approuvé ladite communication.

*Du Vendredi 6 Avril, les Chambres
aſſemblées.*

Veu les Lettres de Déclaration
du Roi données à Paris le 30 Décembre dernier, par leſquelles il
déclare, qu'il n'entend toucher ni
innover ès·ſaiſies faites ſur les maiſons, terres & biens appartenans
aux Catholiques & autres aſſiſtans
le Roi de Navarre ; mais, au contraire, veut que s'il ſe trouve aucune deſdites maiſons, terres &
biens qui ne ſoient encore ſaiſies
& miſes ſous ſa main, que ſes Juges
& Officiers des Lieux ayent à procéder avec la plus grande diligence
que faire ce pourra, en la forme

& tout ainſi qu'il leur a été par ci-
devant ordonné, ſans retardement,
afin d'être ſecouru des deniers qui
en proviendront, pour ſubvenir au
bien de ſes affaires & ſervice, & à
la conſervation de la Religion Catholique ; avec défenſes très - ex-
preſſes à tous ſes ſujets & autres
étant à ſa ſolde & ſervice, de quelque nation & condition qu'ils
ſoient, d'attenter ni toucher, de
leur autorité privée, eſdites maiſons, tant fortes que foibles, eſ-
quelles ne ſe fait aucun acte
d'hoſtilité ſur peine de la vie.
Concluſions du Procureur Général.
LA COUR, les Chambres aſſem-
bleés, a vérifié & vérifie leſdites
Lettres de Déclaration, ordonne
qu'elles feront lues, publiées & re-
giſtrées, & les copies d'icelles envoyées ès Sièges des Bailliages de
ce Reſſort, pour y être pareille-

ment lues, publiées & enregiftrées à la diligence des Subftituts du Procureur Général, afin que perfonne n'en prétende caufe d'ignorante.

Du Jeudi 12.

Vu la Requête du Syndic des Etats, la Cour, les Chambres affemblées, a ordonné & ordonne aux Subftituts du Procureur Général ès Sièges des Bailliages de ce Reffort, de faire appréhender au corps les foldats & autres perfonnes qui fe font retirés efdites maifons, pour éviter la punition de leurs crimes, commis par eux avant la levée des armes & depuis, & faire procéder inceffaniment, & fans connivence, à l'inftruction & jugement de leur procès. Fait inhibition & défenfe à tous Capitaines & Soldats, quelqu'ils foient, de commettre aucun acte d'hoftilité fur les Habitans, tant des Villes que plat-Pays, & s'emparer des Chevaux & Beſtiaux deſtinés pour la nourriture & labourage, à peine d'être pendus & étranglés ; & en cas de contravention, enjoint auxdits Officiers & Prévôts des Maréchaux, chacun en droit ſoi, de procéder à la capture d'iceux, & à l'inſtruction & jugement de leur procès en toute diligence ; & ſera le préſent Arrêt lu & publié par les Carrefours de cette Ville ès lieux accoutumés, & les extraits d'icelui envoyés eſdits Sièges, pour y être pareillement lus, publiés & exécutés ſelon ſa forme & teneur, dont leſdits Suſtituts certifieront la Cour de mois en mois.

Du

Du Jeudi 31 Mai, jour de l'Ascension de Notre Seigneur, de Relevée, les Chambres assemblées.

M. le Premier Président a dit, que M. de Senecey a pris la peine cejourd'hui de venir chez lui, pour lui faire entendre, que les Maire & Echevins de la Ville l'avoient prié de faire quelques efforts sur la Ville de S. Jean-de-Losne, occupée par les ennemis de la Sainte-Union; ce qui étoit facile, à cause de la mort de leur Chef, autrement, qu'avec le temps, d'autres pourroient gagner çette place au grand préjudice du Pays. Pour raison de quoi il a fait assembler les Chambres, afin d'entendre le dessein du sieur de Senecey, & les mesures qu'il prétend prendre pour l'exécution de son projet. Et à l'instant l'Huissier Petit ayant averti la Cour que

ledit fieur de Senecey étoit en la
Salle du Palais, ont été députés
MM. Odebert & Catherine, pour
l'aller trouver, & étant entré &
affis au-deffus de MM. les Confeillers, au Banc du côté de la Chapelle, a dit, que ce qu'il defire le
plus en ce monde eft de pouvoir
faire quelque bien à cette Province,
& fur-tout à cette Ville ; que depuis peu il s'en étoit ouvert un
moyen qui paroît facile. Car le
fieur de Poulles, Commandant de
S. Jean-de-Lofne, voulant exécuter une entreprife fur la Ville de
Seurre, a été tué ; & comme c'é-
toit le Chef auquel fes Soldats
avoient beaucoup de confiance,
parce qu'il leur donnoit une grande
licence de voler & de prendre fur
le pauvre homme, il pourroit avenir qu'étant abbatus d'une pareille
perte, & fans Chef, on pourroit les

avoir, & remettre la Ville de S. Jean-de-Lofne dans l'obéiſſance du Roi & de la Sainte-Union, autrement cette Place, garnie de Troupes ennemies, incommodera beaucoup la Province & la Sainte-Union; or les frais qu'il faudroit faire pour la prendre ne feroient pas ſi fort à charge; qu'il faudroit que les Compagnies y vouluſſent contribuer, & que le Parlement en donnât exemple aux autres. Surquoi M. de Senecey prie la Cour de prendre en bonne part la propoſition qu'il fait, & de députer Commiſſaires pour l'examiner de plus près.

Sur ce M. le Premier Préſident a dit, qu'il n'y a perſonne dans la Compagnie qui ne deſire que la Ville de S. Jean-de-Lofne ſoit réduite; mais quant au moyen qu'on propoſe pour y parvenir, qu'il y faut penſer.

Ce fait, les opinions recueillies, a été conclu, que l'on prendra deniers à cours de rente, pour partie du payement de l'armée qui sera conduite devant cette Place, *en attendant que les Elus du Pays ayent imposé & levé lesdits deniers sur tous ceux de la Province;* & ont été députés MM. Odebert & Catherine, pour se trouver aujourd'hui au logis du sieur de Senecey, avec ceux de MM. des Comptes & de la Ville, afin de sçavoir quelle somme sera arrêtée pour lesdits frais, & pour combien le Corps de la Cour s'obligera envers ceux qui voudront prêter les deniers à intérêt.

Du Vendredi premier Juin, les Chambres assemblées.

MM. Odebert & Catherine ont dit, que suivant la Délibération de la Cour, ils furent le jour d'hier au

logis du sieur de Senecey, lequel,
en leur présence & des Députés de
la Chambre des Comptes, & du Vicomte-Maïeur de cette Ville, proposa plusieurs moyens pour trouver deniers pour le payement &
frais de l'armée qu'il vouloit mener
devant S. Jean-de-Losne. Et quoiqu'il eût d'abord demandé trente
mille écus, néanmoins si on lui en
donnoit comptant dix mille , il
pourroit faire assembler ses troupes
au lieu de Brasey , & demander de
faire venir du secours du Lyon-
nois. Aussi furent présens à ladite
proposition les Députés du Clergé,
qui firent offre de six cens écus, &
le Vicomte - Maïeur dit particulièrement à quelques-uns , qu'il donneroit bien mille écus , de sorte
qu'il reste à trouver promptement
neuf mille écus, qu'on desire lever
sur quatre cens des plus riches &

aifés Habitans de la Ville, à raifon
de vingt écus chacun, le fort portant le foible. Et que pour faire ladite impofition, on leur dit être
néceffaire de députer Commiffaires
de chaque Corps de profeffion &
métier, afin que l'impofition étant
faite d'un commun confentement,
perfonne ne pût refufer de payer
ce à quoi il auroit été impofé.

Sur ce MM. Jaquotot & Pefchard,
Maîtres des Comptes, ayant fait
demander à parler à la Cour, entrés de l'ordonnance d'icelle, après
avoir pris place au Banc du côté de
la Chapelle, au-deffous de deux
de MM. les Confeillers, ont dit,
Qu'ils avoient charge de ladite
Chambre de faire entendre à cette
Compagnie qu'ils ne defirent de
paffer aucune chofe en l'affaire concernant les deniers demandés par
le fieur de Senecey, pour les frais

du fiège de Jean-de-Lofne, fans
fçavoir les réfolutions que prendroient la Cour, auxquelles la
Chambre fe conformera, comme
elle a toujours fait, & partant ont
fupplié la Cour de leur déclarer les
mefures qu'elle prenoit fur cela
pour elle.

A quoi M. le Premier Préfident
a répondu, que la Cour a eftimé
qu'il étoit plus expédient *que tous
les Privilégiés s'obligeaffent au nom
des Elus du Pays, envers ceux qui
fourniroient les deniers qui feroient
empruntés,* ce que demandoit M. de
Senecey, en attendant qu'ils ayent
impofé ladite fomme fur ledit Pays,
que de permettre qu'on les coti-
fât particulièrement. Quoi, ouï, par
lefdits Jaquotot & Pefchard, ils
ont dit que ladite fomme fe pourroit trouver à frais, en certain lieu
qu'ils fçavoient, & fe font retirés.

L'affaire mife en délibération, & les opinions recueillies fur ce, a été conclu & arrêté, que les Privilégiés de ladite Ville s'établiront cautions, & s'obligeront au nom defdits Elus pour la fomme de deux mille écus, qui fera délivrée lorfque les Eccléfiaftiques, Maire & Echevins, auront leurs deniers prêts, pour être le tout employé aux frais du fiège de S. Jean-de-Lofne, & non ailleurs ; à la charge que lefdits Elus feront tenus d'impofer ladite fomme fur tous le Pays, & acquitter icelle tant en principal qu'intérêts ; & ont été députés Meffieurs Odebert & de Verons, pour aller trouver M. de Senecey, & lui faire entendre la délibération ci-deffus.

※

Du Samedi 2, les Chambres affemblées.

Sur ce que MM. Odebert & Vérons ont dit avoir fait entendre à M. de Senecey , en préfence du Vicomte-Maïeur , que les Privilégiés s'obligeroient comme cautions des Elus pour la fomme de deux mille écus , faifant partie des dix mille écus demandés pour le fiège de S. Jean-de-Lofne , & qu'il n'a voulu accepter lefdites offres , parce que ledit Vicomte-Maïeur difoit que lefdits Privilégiés devoient être cotifés particulièrement à la fomme de cinq mille écus ; auffi que de quinze jours en quinze jours il faudroit trouver femblable fomme de dix mille écus jufqu'à la fin du fiège ; a été conclu que lefdites offres feroient réitérées , & en cas de refus , que s'il fe trouve une fomme de dix mille écus , lefdits Privilégiés ,

le Corps de la Ville & les Eccléfiaftiques s'obligeront tous enfemblement, & fe rendront cautions defdits Elus pour la sûreté d'icelle &
des arrérages, jufqu'à ce que le
tout foit impofé fur le Pays, & acquitté à la décharge d'un chacun en
général, & fans aucune chofe par-
ticularifer.

Du Lundi 4, *les Chambres affem-*
blées.

Meffieurs Odebert & Bouhier,
Syndics, ont dit, qu'ils ont fait rapport au fieur de Senecey des nouvelles offres des Privilégiés, pour
le Siége de Saint-Jean-de-Lofne,
lequel leur avoit fait entendre,
qu'il avoit vendu une terre, en
Franche-Comté, la fomme de quinze mille écus; qu'il vouloit bien les
employer aux frais dudit Siége, en
lui donnant, par lefdits Privilégiés,

les Ecclésiastiques , & ceux de la
Ville, des bagues d'or & d'argent,
pour sa sûreté , & non autrement.
Que le jour d'hier ils furent mandés
par le sieur de Senecey , & avertis,
que les Suisses étant en cette Ville ,
poursuivoient le payement des deniers à eux dûs , & que les Maire
& Echevins avoient trouvé expédient de leur donner comptant deux
mille écus , pour les appaiser , dont
ils porteroient la moitié , & lesdits
Privilégiés l'autre. Partant , qu'il
étoit besoin d'y pourvoir au plutôt ;
ce qu'ils promirent de faire savoir
à cette Compagnie , laquelle a sur
ce délibéré & conclu, que Messieurs
Desbarres & de Montholon , Présidens , Baillet , Odebert , Bouhier,
Brenot , Boursaut & Millière , Conseillers , iront trouver M. de Senecey , pour lui faire entendre ,
que pour montrer l'affection desdits

Privilégiés au bien & repos de la
Province, ils effectueront leurs offres, lorfqu'on voudra faire le Siége
de queftion. Mais quant aux deux
mille écus demandés pour le payement des Suiffes, qu'ils n'y font tenus, ains les Elus du Pays, par la
négligence ou mauvaife volonté
defquels lefdits Privilégiés ne doivent porter toutes les charges du
général. Et afin d'éviter les inconvéniens, il eft très-néceffaire d'ordonner aux Elus de faire leur charge comme il appartient, & pourvoir à ce que toutes les charges de
la Province foient acquittées, même
les gages defdits Privilégiés ; autrement, ils feront contraints de prendre quelques mefures.

Du Mardi 5.

M. le Préfident Desbarres a dit,
que lui & les Commiffaires députés

à M. de Senecey lui firent sçavoir le jour d'hier la Délibération ci-dessus, en présence des Députés de Messieurs des Comptes, entre lesquels étoit M. Millière, qui assura qu'ayant été Maire, de tout tems, quand il étoit question de trouver deniers pour les affaires du Pays, les Elus, & le Corps de la Ville seulement, s'obligent. Le sieur de Senecey, après les avoir reçus fort honorablement, leur dit : Que la Cause des Privilégiés lui paroissoit très-juste, & qu'il étoit très-fâché de tant de mauvaises demandes qu'on leur faisoit; qu'au reste, il employeroit tout son pouvoir pour les soulager & faire payer leurs gages.

Me Pierre Jachiet, Syndic de la Ville, ayant demandé à parler à la Cour, est entré, de l'ordonnance d'icelle, & a dit, que les Suisses pourſuivoient le payement de deux cens écus, qu'on leur a promis, & diſent, que s'ils ne les touchent aujourd'hui, ils ſortiront pour aller ravager tous les fruits qui ſont ſur terre; & pour éviter cet inconvénient, les Maire & Echevins offrent de payer aujourd'hui pareille ſomme; à quoi M. le Premier Préſident a répondu, que la Cour avoit réſolu le jour d'hier, & fait entendre à M. de Senecey, que les Privilégiés n'étoient tenus au payement des Suiſſes, & qu'il ſe faut adreſſer pour cela aux Elus du Pays.

Tôt après, Meſſieurs Peſchard & Flutelot, Maîtres des Comptes, ont demandé à parler à la Cour; & entrés, après avoir pris place au lieu accoutumé, ont dit, qu'encore que le jour d'hier on ait fait entendre à M. de Senecey, que les Privilégiés n'étoient tenus à payer les mille écus demandés par le Maire de la Ville, pour partie de la folde des Suiffes, néanmoins le Procureur Syndic de ladite Ville avoit été ce matin même en leur Chambre leur faire entendre, que les Suiffes faifoient grand bruit & difoient que fi on ne les payoit aujourd'hui, ils iroient ravager la campagne, comme les autres foldats; & pour les en empêcher, a fupplié la Chambre de donner deniers pour les payer. Sur quoi, la Chambre a eftimé être néceffaire de confulter la Cour, pour prendre avec elle fes mefures. Surquoi, M. le Premier Préfident a dit, que ledit Syndic en avoit autant déclaré à la Cour, & qu'en ayant délibéré, elle avertira lefdits Sieurs des Comptes de ce qu'elle aura conclu. Surquoi lefdits Députés fe font retirés.

A neuf heures, M. de Senecey entré & affis en fon rang accoutumé, a dit : Qu'il étoit bien fâché d'importuner fi fouvent la Cour, pour lui demander chofe fort rare ; & néanmoins, comme il importoit au bien de tous les Catholiques, & de la Province en général & en particulier, il étoit contraint de remontrer combien les Suiffes preffoient le payement des deux mille écus qui leur ont été accordés pour cette fois, & l'utilité qui en reviendroit fi l'on trouvoit cette fomme. Qu'il avoit parlé aux Elus pour ce faire, & que deux ou trois feulement étant à la Ville, lui ont répondu : Qu'ils ne pouvoient s'obliger pour ladite fomme, fans le confentement de tous les Elus du Pays ; dont les Suiffes, avertis, ont été fort mal contens, ainfi que lui ont fait entendre les Maire & Echevins, & menaçoient

çoient de ravager la campagne,
même d'entrer dans les meilleurs
maisons de la Ville ; tellement que
s'il en avenoit plus grand mal, lefdits Maire & Echevins ne voudroient en faire la justice, & punir
ceux qui font venus à leur secours,
& cherchent leur vie. A ce moyen,
a supplié la Cour de prévenir lefdits inconvéniens, & de trouver
quelque remède en ce fait ; comme
il est facile, d'autant que lesdits
Maire & Echevins offrent de s'o-
bliger avec ladite Cour & les Gens
des Comptes, pour faire poursuite
commune contre lesdits Elus, afin
d'imposer & acquitter ladite somme
envers ceux qui l'avanceront.

L'affaire mise en délibération, a
été ordonné auxdits Elus, de trouver promptement la somme de deux
mille écus pour le payement des
Suisses, s'obliger & imposer icelle

Q

fur ledit Pays , & en faire rembour-
fement à ceux dont ils les auront
empruntés , à peine d'en répondre
en leurs propres & privés noms.
Et cependant , attendu la néceffité,
& pour plus facilement trouver lefdits deniers , fans tirer à conféquence , ladite Cour & les Privilégiés , avec les Eccléfiaftiques &
Corps de la Ville , s'obligeront
avec lefdits Elus , & s'établiront
caution pour lefdits deux mille
écus.

Du Jeudi 7.

Me Etienne Bernard , Avocat &
Echevin de la Ville , ayant fait demander à parler à la Cour , eft entré , de l'ordonnance d'icelle , avec
le Procureur Syndic , & a dit : Que
ladite Cour avoit donné Arrêt pour
le fait du payement des Suiffes , dont
tous les gens de bien étoient très-

contens ; toutefois l'exécution en
étoit assez difficile par le peu d'argent qu'il y a présentement dans
la Ville. Que le Corps d'icelle avoit
été averti que Me Jacques Colin,
Greffier de la Chancellerie, vou-
loit rendre à la D^{elle} Anne Maillon,
veuve de Jean Poligny, une partie
des deux mille écus ; mais qu'elle
refusoit de les recevoir & de rendre la grosse du Contrat, craignant
de les prêter pour être employés à
payer les Suisses. Et comme il importe à la Ville de neuf cens écus,
si ce payement n'est fait aujour-
d'hui, a supplié ladite Cour, au
nom des Maire & Echevins, de
donner sur ce Arrêt. On a différé
d'y pourvoir à cause de l'Arrêt qui
venoit d'être donné pour le même
fait. Et se sont retirés. Et les Chambres consultées, a été conclu l'Arrêt qui ensuit.

VEU l'Arrêt du cinquième jour du présent mois de Juin, par lequel il auroit été ordonné aux Elus du Pays de trouver promptement la somme de deux mille écus, pour le payement des Suisses, s'obliger & imposer icelle sur ledit Pays, & en faire remboursement à ceux desquels ils les auroient empruntés, à peine d'en répondre en leurs propres & privés noms. Et cependant, attendu la nécessité, & pour plus facilement trouver lesdits deniers, sans ce tirer à conséquence, que la Cour & les Privilégiés, avec les Ecclésiastiques & le Corps-de-Ville, s'obligeroient avec lesdits Elus, & s'établiroient cautions pour lesdits deux mille écus. Et oüi les Remontrances verbales aujourd'hui par le Vicomte-Maïeur, Echevins & Procureur Syndic de ladite Ville ; la Cour, les Chambres assemblés, a

ordonné & ordonne à toutes perfonnes, ayant deniers comptans
jufqu'à la fomme de deux mille écus,
de les délivrer promptement,
moyennant les obligations & fûre-
tés à ce néceffaires, pour être employés à l'effet que deffus, fur peine
d'être contraints par toutes voies
dues & raifonnables, enforte qu'il
y foit obéi.

Du Mardi 17 Juillet.

Décret de Prife-de-corps, *a été
décerné contre Meffire Antoine Damas,
Sieur de Digoigne , & Balthazard
Guyard , Sergent-Royal , pour s'être
ledit Damas pourvû au prétendu Parlement de Flavigny,* pour le fait d'une
appellation par lui émife contre
M_e Jean Saulnier, Procureur à Cha-
rolles ; & ledit Guyard, pour avoir
mis à exécution la Requête pré-
fentée audit Flavigny, avec défen-

ses auxdites Parties d'y comparoir,
à peine de mille écus d'amende, &
de nullité des Procédures.

Du Mercredi 18, de Relevée, les
Chambres assemblees.

M. le Premier Président a dit :
Avoir fait assembler la Compagnie,
sur le sujet des Lettres écrites par
M. de Senecey, par lesquelles il
mande à ceux de la Ville, que le
sieur de Tavannes le presse d'entrer
en trève & cessation d'armes pour
le repos de la Province. A quoi il
n'a voulu faire réponse sans l'avis
de cette Compagnie, de la Chambre des Comptes & du Corps de la
Ville : que ledit Pays en a grand
besoin, & néanmoins ne sera chose
qu'au plus grand avantage d'icelui
& de l'Union, s'il est possible ; à
quoi il faut apporter toutes bonnes
volontés, procurer le bien dudit

Pays & la commodité d'un chacun en particulier, qui est fort incommodé par ces troubles ; & à cet effet, députer Commissaires pour se trouver en la Chambre de Ville, où l'on en traitera avec ceux des autres Colléges, afin d'y résoudre d'un commun consentement ; & que par un bon conseil & avis, l'on ait moyen de recueillir les fruits de la terre, & faire quitter les armes à ceux qui nous ravagent.

L'affaire mise en délibération, a été dit, que Messieurs Fyot l'aîné, & Berbisey à ce députés, iront en la Chambre de Ville, & feront entendre à l'Assemblée, que la Cour loue & approuve le conseil de M. de Senecey ; & est d'avis, qu'il est très-expédient & très-nécessaire d'accepter ladite trève & cessation d'armes, pour le bien & soulagement du général & du particulier de cette Province.

Du Samedi 21.

MM. Fyot l'aîné & Berbifey ont dit, que fuivant la délibération du 18 du préfent mois, ils furent ledit jour en la Chambre-de-Ville, où l'on traita fort longuement l'affaire concernant la Trève demandée par ledit fieur de Tavannes en préfence du fieur de Francheffe, Capitaine du Château de cette Ville, qui furvint. Il y fut conclu que l'on écriroit au fieur de Senecey, afin d'obtenir paffeports pour toutes les Villes qui feront affemblées fur ce fujet ; de quoi ils efpèrent qu'il aviendra quelque chofe de bon, parcequ'il femble que chacun fe difpofe à la Trève , dont ils ont été remerciés par M. le Premier Préfident.

Du Dimanche 29 , à une heure de Relevée , les Chambres assemblées.

Le sieur Baron de Lux ayant fait dire par le Greffier, qu'il desiroit parler à la Cour, entré, de l'ordonnance d'icelle , après avoir pris place au Bureau, a dit : Que l'honneur & la révérence que cette Province a pour cette Compagnie, a donné occasion de faire entendre à icelle l'affection & le desir qu'on a de traiter toutes choses par ses avis, & par celui de M. de Senecey, suivant lesquels on est entré en pour-parler d'une Trève, afin de donner repos aux Sujets de la Province qui sont furieusement vexés, en attendant qu'il plaise à Dieu nous donner une bonne paix : toutefois qu'aucuns ne l'avoient trouvé bon, & disoient, que par ce moyen les ennemis auroient fré-

quentation avec les Catholiques &
ès Villes de l'Union, contre lefquelles ils pourroient entreprendre quelque chofe, & plufieurs
autres raifons qui feroient trop
longues à déduire. Mais que ce
qui donne plus de fujet d'y penfer,
c'eft que M. le Duc de Mayenne
defire d'affembler toutes les troupes
qui font par-deça pour dégager la
Ville de Paris, empêcher qu'elle ne
tombe ès mains des Hérétiques, &
fairece que ce Prince de France n'a
entrepris que pour la confervation
de la Religion Catholique. Et
comme ledit fieur de Lux & plufieurs autres Seigneurs defirent d'aller joindre M. le Duc de Mayenne,
felon qu'ils y font tenus, tant à
caufe du fervice qu'ils lui ont voué,
que de la qualité qu'il a de Gouverneur de ce Pays, & qu'il eft im-
poffible de conduire lefdites trou-

pes & gens de guerre sans leur
donner d'argent, il a supplié ladite
Cour, comme il convient que le
fassent tous les bons Catholiques,
d'offrir chacun quelque somme en
particulier selon ses facultés, &
d'employer à cette aumône & charité une portion de leurs biens.
Cette charité apportera du soulagement à la Ville de Paris & aux
Sujets de ce Pays, quand ils seront
délivrés de l'oppression que leur
font souffrir les gens de guerre.

A quoi M. le Premier Président
a dit, que tout le monde est d'avis
de la Trève, pourvu qu'il n'y ait
rien de caché dessous, d'autant
qu'on en ressentiroit de la commodité pour recueillir les fruits de la
terre, & les retirer dans les Villes,
afin de pouvoir mieux résister aux
ennemis, autrement le Peuple ne
pourroit vivre. Que la Cour aussi

approuve fort l'avis de chaſſer la Gendarmerie hors la Province, parceque tant qu'elle y demeurera, ce ſera à là ruine du pauvre peuple qui en eſt accablé. Il eſt auſſi très-convenable & même très-néceſſaire de ſecourir Paris, même pour notre utilité particulière; mais que de chercher des moyens où il n'y en a point, c'eſt choſe inutile. Toutefois comme la Cour ne manque point de bonne volonté, elle fera toujours comme elle a fait par le paſſé tout ce qu'elle pourra pour une ſi bonne œuvre, & pour la tranquillité & repos de cette Province, pourquoi elle n'épargnera jamais rien; ſur quoi ledit ſieur de Lux s'eſt retiré.

A été dit qu'il ſera pourvu ſur ce que deſſus demain matin à 6 heures préciſément, à laquelle heure tous Meſſieurs qui ne ſont

préfens, feront avertis de fe trouver ; comme auffi ledit fieur de Lux
fera prié par le Greffier d'y affifter
pour éclaircir les chofes contenues
en fa propofition , & pourra ouïr
les opinions de Meffieurs , ou fe retirer fi bon lui femble.

Du Lundi 30 , *les Chambres
affemblées.*

Le fieur Baron de Lux entré &
affis au même lieu que le jour d'hier,
M. le Premier Préfident lui a dit,
que la Cour defiroit favoir quelle
fomme il demandoit pour mettre
les troupes hors de ce pays. Si
c'eft la ville de Dijon qui la doit
fupporter , ou le général du Pays ,
& fi quelqu'un veut s'obliger d'em-
mener les troupes , & à faute de ce,
rétablir lefdits deniers.

Ledit fieur de Lux a répondu ,
que pour fon regard il ne deman-

doit rien ; mais pour les Officiers
& Soldats, qui font la plûpart de
cette Province, auxquels il faut
4000 écus que M. de Senecey entend faire jetter fur tout le pays,
ou bien que M. le Duc de Mayenne,
inftruit de la bonne volonté de
ceux de cette Ville, la fera rempla-
cer incontinent ; mais fi l'on s'a-
dréffe à cette Ville, c'eft pour trouver plus promptement lefdits deniers, afin de chaffer les troupes,
& faire ceffer leurs mauvais déportemens. Que fon intention eft, de
ne leur diftribuer aucune chofe,
qu'ils ne foient fur la lifière de la
Bourgogne, & que lefdits Capitaines ne promettent de les emme-
ner.

Quoi ouï, en préfence de M. de
Lux, a été opiné fur ce que deffus
& conclu, que Commiffaires feront députés pour faire entendre

aux Maire & Echevins de la Ville,
que la Cour est d'avis qu'ils trouvent ladite somme de 4000 écus à
frais, & que pour sûreté du principal & arrérages qui en écher-
ront, ladite Cour en Corps, la
Chambre des Comptes, les Ecclésiastiques & Elus du pays, & celui
de ladite Ville, s'obligeront comme
ils ont fait pour les 2000 écus donnés aux Suisses, attendant que lesdits Elûs ayent imposé & levé ladite somme sur le Pays, & acquitté
le principal & arrérages d'icelle.

A l'instant le Procureur Syndic
de ladite Ville a fait dire par le
Greffier, qu'il supplioit la Cour de
député Commissaires pour assister
en la Chambre du Conseil d'icelle
Ville, & résoudre sur ce qui a été
proposé par M. le Baron de Lux,
concernant ladite somme de 4000
écus : suivant laquelle réquisition,

MM. Fyot l'aîné & Berbifey ont été députés.

A neuf heures, M. de Berbifey a dit, que Me. Edme Champinot, Avocat du Roi au Bailliage de Dijon, lui venoit de donner un paquet envoyé à la Cour par M. de Senecey ; au moyen de quoi les Chambres ont été affemblées, & ledit paquet ouvert, où s'eft trouvé une Miffive dudit fieur de Senecey, & copie des articles de la Trève accordée le 28 du préfent mois, entre lui & le fieur de Tavannes. Lefquels Miffive & Articles vûs, a été dit, qu'ils demeureront au Greffe pour y être pourvu quand befoin fera ; & cependant que l'on écrira audit fieur de Senecey, que la Cour loue fes bonnes actions & volonté au bien public, & le prie de faire comprendre en ladite Trève, la Ville de Langres, afin que les Bailliages du Duché enclavés au reſſort dudit Langres, ſe reſſentent d'un ſi grand bien : ce qui a été fait à l'inſtant.

Du Mardi 31.

M. Berbiſey a dit, que ſuivant la charge & commiſſion donnée à M. Fyot, l'aîné, & à lui, le jour d'hier, ils furent en la Chambre de Ville, & firent entendre au Vicomte-Maïeur & Echevins d'icelle, la bonne volonté & le deſir que ladite Cour avoit de voir la Province délivrée de tant de gens de guerre, dont elle eſt inondée, & de s'obliger pour la ſûreté des deniers qu'il leur convient donner, en la même forme qu'il a été fait du paſſé. Leſquels Vicomte-Maïeur & Echevins firent réponſe, qu'ils feroient de leur part tout ce qui leur ſeroit poſſible, & cherche-

roient les moyens de trouver lefdits deniers montans à 3150 écus.

Du Mercredi premier Août.

Sur ce que le Procureur de la
Ville a supplié la Cour de députer
Commiffaires, pour fe trouver à
l'Affemblée qui fe fait aujourd'hui
en la Chambre de Ville, afin de
réfoudre fur les articles de la Trève
envoyés par M. de Senecey; ont
été députés MM. Desbarres, Préfident, Fyot l'aîné, & Berbifey,
Confeillers.

Du Jeudi 2.

M. le Préfident Desbarres, a dit,
que le jour d'hier, étant accompagné de MM. Fyot l'aîné & Berbifey, Confeillers à la Cour, ils
furent en la Chambre de Ville, où
l'on traita de la Trève accordée
entre M. de Senecey & M. de

Tavannes, dans laquelle la Cour, la Chambre des Comptes, & les Eccléſiaſtiques firent entendre qu'ils deſiroient être compris. A quoi pluſieurs Habitans de la Ville, qui ſe trouvèrent à cette Aſſemblée, s'oppoſoient. Néanmoins fut conclu, que l'on écriroit à M. de Senecey, qu'il étoit expédient d'aſſembler toutes les Villes unies pour en réſoudre; ou, s'il avoit aſſenti quelque choſe de leur intention, ſes réponſes ouies, il y ſeroit pourvu. Cependant que leſdits articles demeureront en ſurſéance, en attendant ſi le ſieur de Tavannes les fera publier à Flavigny, & à Saint Jean-de-Loſne.

Du Samedi 4.

Me. Pierre Jachiet, Procureur Syndic de la Ville, ayant demandé à parler à la Cour, étant entré de l'ordonnance d'icelle , a dit : Que pour faciliter le payement des deniers accordés aux gens de guerre pour sortir de la Province , il est expédient de prendre la somme de 230 écus consignés par Jacques Hatet, ès mains de Nicolas Arvisenet, Marchand à Dijon , dont le procès est pendant en ladite Cour, entre ledit Hatet , & Antoine & Didier Martinecourt de Selongey. Partant, a requis qu'il soit ordonné audit Arvisenet de vuider ses mains. Sur quoi a été dit , que ledit Arvisenet délivrera ladite somme , à la charge d'en constituer rente par ledit Procureur Syndic , en la forme ci-devant dite , au profit de qui il appartiendra. Laquelle constitution demeurera ès mains d'icelui Arvisenet pour sa décharge, comme il est contenu en l'Arrêt mis au Greffe.

Auſſi ledit Syndic a ſupplié la Cour d'ordonner , que l'un des Sieurs Particuliers d'icelle s'obligera envers ceux qui prêteront leſdits deniers , avec un des Maîtres des Comptes , & quatre Echevins que la Ville a nommés , ou tels autres que les Créanciers voudront nommer. A quoi lui a été répondu, que la Cour s'obligera en Corps, comme pour le payement des Suiſſes. Toutefois, ſi quelques Particuliers veulent entrer en ladite obligation , elle ne l'empêche, & ne s'en veut formaliſer.

MM. Vincent & Milliere , Maîtres des Comptes, ayant fait dire par le Greffier, qu'ils voudroient parler à la Cour, & entrés, après avoir pris place au lieu accoutumé, qui eſt au banc du côté de la Chapelle, après deux de Meſſieurs, ont dit, que le Procureur Syndic de la

Ville avoit été aujourd'hui en ladite Chambre leur faire entendre,
que l'on trouveroit plus facilement
de l'argent pour les gens de guerre, si un seul Officier de ladite
Chambre s'obligeoit, avec un de
Messieurs du Parlement que la Cour
nommeroit, & quatre Echevins
qui ont été choisis, ou que voudroient choisir les Créanciers, aussi
qu'ils fissent préparer les 500 écus,
faisant moitié de 1000 à quoi les
Privilégiés ont été cottisés pour
satisfaire aux frais des réparations
de la Ville, & fonte d'Artillerie;
autrement il seroit contraint de se
pourvoir contre eux, pour faire ledit payement. Sur quoi ils n'ont
voulu pourvoir, sans prendre l'a-
vis de ladite Cour, auquel ils se
sont toujours conformés, & desi-
rent encore continuer. Partant, ont
supplié icelle de leur dire son intention.

[207]

M. le Premier Préfident leur a répondu, que le Procureur Syndic n'a
parlé defdits mille écus, & qu'avant
que d'y toucher la Cour délibère de
fçavoir des Maire & Echevins quelle
fomme ils veulent lever, & à quel
effet; & quant à l'obligation particulière de l'un de Meffieurs de la
Cour, que l'on ne pouvoit le faire,
finon en la même forme obfervée
pour le payement des Suiffes. Toutefois que MM. des Comptes, ou du
moins ceux qui entrent en la Chambre des Elus, ne doivent faire difficulté de s'obliger particulièrement, pour le bien de la Province,
d'autant qu'ils auront plus de cou-
rage de faire lever & acquitter les
fommes.

Du Mardi 7.

Le Procureur de la Ville ayant
fupplié la Cour de députer des Com-

miffaires pour affifter à la Chambre de Ville, fur la réfolution de la Trève, a été dit, que MM. Defbarres, Préfident, Fyot l'aîné, & Berbifey, Confeillers, qui ont ja affifté auxdites Affemblées, s'y trouveront encore, & perfifteront à l'avis de la Cour, que ladite Trève doit être conclue.

Du Mercredi 8.

M. le Préfident Desbarres, Fyot l'aîné & Berbifey, Confeillers, ont dit, par la bouche de M. le Préfident Desbarres, qu'ils furent le jour d'hier en la Chambre de Ville, où il fut réfolu que les articles de la Trève feroient acceptés & regiftrés, fans y mettre les qualités premières y contenues, avec celle des Chefs des deux partis en cette Province ; auffi qu'ils feront publiés en cette Ville, après qu'on

aura

aura reçu avertissement certain de
la publication d'iceux à Flavigny.

Du Lundi 13, *les Chambres*
assemblées.

M. Bretagne ayant fait rapport des Lettres-Patentes données
à Paris le 19 Décembre dernier,
par lesquelles le Roi auroit, par
exprès, avoué, ratifié & approuvé
tout ce qui a été fait & ordonné &
exécuté par lesdits Conseillers éta-
blis par le sieur Duc de Nemours,
au Conseil de l'Union des Catholiques en cette Ville de Dijon, soit
pour levée de deniers, impôts,
cotes, emprunts, commissions, sai-
sies, ventes & aliénations des biens-
meubles des ennemis de l'Union,
levées de gens de guerre, commissions sur ce expédiées, tenues
& assemblées des Etats du Pays,

augmentation du prix d'un écu par
minot fur le fel, faifie des accrues,
prix du marchand, Gabelles & autres deniers, de quelque nature
qu'ils foient, établiffemens de Garnifons, augmentation ou retran-
chement d'icelles, démentellement
des Châteaux, Villes & Places fortes, changement d'autres Officiers
& établiffement de nouveaux, informations & procédures faites par
le Commiffaire par eux délégués,
& généralement tout ce qui a été
fait par ledit Confeil, tant en général, que par vertu de fes commiffions particulières, comme chofes faites pour fon fervice, pour le
bien & avancement de la Couronne
& fervice de ladite Sainte-Union,
& tout, ainfi que fi de ce ils en
euffent eu Lettres & Commiffions
expreffes de Sa Majefté, ou que par
Elle ou fes Lieutenans Généraux

audit Pays, les choses eussent été faites & exécutées.

Du 10 Janvier 1591, les Chambres assemblées.

La Cour, les Chambres assemblées, avertie de la mort du Roi Charles X. a ordonné & ordonne que les Expéditions de Justice & Lettres de la Chancellerie seront scellées sous le nom de ladite Cour, & du Sceau d'icelle, qui sera mis ès mains de Mᵉ Claude Bretagne, plus ancien Conseiller, & ce par provision, & jusqu'autrement soit ordonné. Et a été dit, que ledit Arrêt sera donné à M. Moisson, Maître des Requêtes ordinaire de l'Hôtel, afin qu'il s'abstienne de sceller sous le nom du Roi, & signifié aux Officiers de la Chancellerie, & au Syndic des Procureurs.

Du Mardi 29.

M. Le Goux, Avocat du Roi, ayant demandé à parler à la Cour, entré de l'ordonnance d'icelle, a dit, que le jour d'hier M. de Senecey, Lieutenant Général au Gouvernement de Bourgogne, lui mit en main certains articles, & une Missive à lui envoyée par M. le Duc de Mayenne, afin de faire cesser les hostilités qui se commettoient sur les Laboureurs & Habitans des Villages & plat Pays ; le priant de les présenter à la Cour, & requérir la publication desdits articles, quoique l'adresse soit à lui seul. Mais afin que chacun soit plus enclin d'y obéir, il fera néanmoins de sa part ce qui sera nécessaire. Laquelle publication ledit sieur Le Goux a requis être faite, tant à l'Audience publique, par les Carrefours, que Prônes des

Eglises Paroissiales de cette Ville
de Dijon , & les extraits envoyés
ès Sièges & Bailliages de ce Ressort , pour être pareillement lus
& publiés , & à cet effet a mis sur
le Bureau lesdits articles.

---

*De Par Monseigneur le DUC DE
MAYENNE , Lieutenant Général
de l'Etat & Couronne de France.*

MONDIT Seigneur considérant
que s'il n'est pourvu à la sûreté du
Labourage , les terres demeureront
sans culture & en friche , donc avec
le temps s'ensuivra une désolation ,
non-seulement du plat-Pays , mais
aussi des Villes du Royaume ; & de-
sirant de remédier à ces désordres ,
qui se commettent journellement à
la ruine d'icelui , par la prise & ran-
çonnement des personnes & bétail
de labours , il défend très-expres-

fément à tous gens de guerre & autres, de quelque qualité, condition
& nation qu'ils foient, étant pour le
fervice de l'Union des Catholiques,
tant en fon armée qu'autre part que
ce foit, qu'ils n'aient à prendre prifonniers ni rançonner aucuns Pay-
fans, Laboureurs, Fermiers, ni autres gens de Campagne non portant
armes, en quelque lieu qu'ils fiffent
réfidence, fût-ce même ès terres de
ceux du parti contraire, ni pareillement prendre leur bétail fervant
audit labourage ; foit Bœufs, Ju-
mens, Mules ou Mulets, foit en
leurs maifons, ou faifant leurfdits
Labourages ou autres œuvres, ni
autrement, en quelque forte & manière que ce foit, fur peine de la
vie à ceux qui y contreviendront.

Et d'autant que la violence des
préfens troubles a paffé fi avant,
que d'exercer la rigueur de la

guerre à l'endroit de toutes personnes indifféremment, de quelqu'âge, qualité & sexe qu'elles
soient, ce qui répugne à toutes
bonnes mœurs & honnêteté qui a
toujours été gardée entre les Chré-
tiens, mondit Seigneur défend pareillement que l'on n'ait à prendre
prisonniers aucuns Prêtres ni personnes Ecclésiastiques, s'ils ne sont
trouvés en combat, les armes à la
main, pour le parti contraire, &
pareillement aucunes femmes ni
filles, de quelqu'âge qu'elles soient,
ni les enfans mâles au dessous de
15 ans, ni aucuns d'iceux rançonner, ou autrement outrager, en
quelque sorte & manière que ce
soit, sur peine aux contrevenans
d'être punis rgoureusement comme
désobéissant; & en cas de force &
violence faite à aucune femme &
fille pour en abuser, hors que ce

ſoit de Ville priſe par aſſaut, ceux qui s'en trouveront coupables ſeront pendus & étranglés ſur le champ.

Nul Gentilhomme ou autre ne pourra avoir gens de guerre en ſa maiſon, pour autre effet que pour la garde & conſervation d'iceux, ſans faire ni exercer aucun acte d'hoſtilité, ſi ce n'eſt qu'ils aient commiſſion expreſſe de mondit Seigneur pour ce faire, ſur peine à ceux qui feront le contraire, de la démolition de leurs maiſons; & leur eſt en outre à tous expreſſément inhibé & défendu, de ne prendre, enlever ou faire lever ſur le Pays, aucuns deniers, vivres, contribution ou autres choſes, ſous couleur de la garde de leurſdites maiſons, ſans commiſſion de mondit Seigneur, ſur peine de concuſſion.

Et

Et parce que plusieurs méprisant
la révérence due aux lieux sacrés,
qui doivent être regardés comme
des lieux de prières & d'oraison,
se servent des églises pour logis &
même pour écurie, puisqu'ils y
mettent leurs chevaux, s'en servant
pour exercer toutes sortes voleries,
larcins, meurtres, rançonnemens
& autres excès, chose indigne, que
mondit Seigneur veut & ordonne que ceux qui tomberont en de
pareilles impiétés, soient tenus &
réputés pour voleurs publics, &
comme tels châtiés & punis par
Justice ; & avenant que pour les
prendre & délivrer le Pays de tels
gens, il conviendroit user de force
& abattre ce qui lui auroit servi de
Fort & de Citadelle, la réparation
en sera faite aux dépens de ceux
qui s'en seront servi à mauvais usa-
ges, ce qu'il veut être pris sur leurs

T

biens de chacuns d'eux pour le tout, dont il charge les Marguilliers des Paroisses de faire les poursuites, & aux Procureurs Généraux d'y tenir la main.

Déclare en outre, mondit Seigneur, qu'aucuns du parti contraire qui se trouveront coupables d'aucuns des cas susdits, se voudroient réfugier & retirer à son service, pour fuir la peine de leurs démérites, ou sauver leur butin, ils n'y seront reçus; ains, veut que la chose étant venue à la connoissance des Gouverneurs des Villes, Mestres de Camp ou autres Officiers auxquels ils se pourroient adresser, ils les fassent constituer prisonniers, & procéder à la punition d'iceux par les peines susdites, & en avertiront mondit Seigneur pour ordonner de ladite punition ainsi qu'il verra bon être.

Enjoignant très - expreſſément aux grands Prévôts de France & Prévôts de ſon Armée, & à tous autres Juſticiers & Officiers qu'il appartiendra, qu'ils aient chacun en ſon endroit la main, & procéder à l'exécution & entière obſervance des choſes ci-deſſus contenues & ordonnées, ſur peine de privation de leurs emplois, & autres plus grandes s'il y échet. Fait à Soiſſons le 27 Décembre 1690, *ſigné*, Charles de Lorraine, & plus bas, Baudouin.

LETTRE de M. de Mayenne à M. de Senecey.

MONSIEUR de Senecey, je vous envoie les articles dont il a été convenu avec le Roi de Navarre, pour la ſûreté du Labourage, que je vous prie de faire publier incontinent en toutes les Villes de votre Gouvernement, & ès lieux où il y aura des Garnisons & Gens de guerre, & les faire garder si étroitement, que le Peuple en puisse ressentir le fruit & soulagement, que de part & d'autre nous desirons : c'est chose qui importe de tout au général de ce Royaume, que chacun doit procurer, & tenir pour ennemis publics ceux qui y contreviendront ; contre lesquels je veux qu'il soit procédé avec telle sévérité que le cours des pilleries & exactions qui ont été faites ci-devant à mon grand regret, soit arrêté par la rigneur des peines, sans exception de personnes quelconques. Et ne vous faisant cette Lettre à autre fin, après m'être affectionnément recommandé à vos bonnes graces, je prie Dieu, M. de

[221]

Senecey, qu'il vous donne en santé heureuse une longue vie. De Soissons le 11 Janvier 1691. *Souscrit,* votre plus affectionné & parfait ami, Charles de Lorraine. *Superscrite,* M. le Baron de Senecey, Lieutenant-Général du Gouvernement de Bourgone.

Lesquels Articles & Missive lûs, & les Chambres consultées, la Cour a ordonné & ordonne que lesdits Articles & Missive seront lûs & publiés, tant à l'Audience, que Carrefours & Prônes des Eglises Paroissiales de cette Ville de Dijon, registrés & observés selon leur forme & teneur, & les extraits d'iceux envoyés à la diligence du Procureur Syndic des Etats de ce Pays, par-tous les Siéges, Villes & Villages de ce ressort, pour y être pareillement publiés & regiftrés. Enjoint aux Baillifs, leurs Lieutenans,

Prevôt des Maréchaux , & Capitaines des Places fortes , chacun en droit-foi , d'y tenir la main, informer & dreffer procès-verbaux des contraventions , & les envoyer devers ladite Cour , de mois en mois, pour être procédé contre les contrevenans.

Et a été retenu que l'original defdits Articles & Miffive , fera rendu audit fieur de Senecey par MM. le Confeiller Berbifey , & le Goux, Avocat du Roi , à ce commis ; qui le prieront , au nom de la Cour, de tenir la main de fa part , à ce que lefdits articles foient inviolablement obfervés. S'informer de M. de Tavannes, s'il a reçu les mêmes Articles de la part du Roi de Navarre , & s'il n'entend pas les faire publier & obferver.

Du Mercredi 30.

M. Berbifey eft venu en cette
Chambre dire, que le jour d'hier,
il fut au logis de M. de Senecey,
lui rendre les Articles & Miffive envoyés par M. le Duc de Mayenne;
lequel lui fit réponfe, qu'il avoit
envoyé à M. de Tavannes, pour
fçavoir s'il en avoit reçu de fem-
blables, & fait publier iceux, dont
il ne pouvoit avoir réponfe que
Vendredi prochain. Partant, prioit
que la publication d'iceux fût différée pour quelques jours, & que
la publication faite, il donneroit de
bons ordres pour qu'il n'y fût con-
trevenu.

*Du Lundi 4 Février, les Chambres
affemblées.*

M. de Senecey ayant fait dire
par le Greffier, qu'il defiroit parler

à la Cour, eſt entré ; & après avoir pris place au banc du côté de la Chapelle , au-deſſus de MM. les Conſeillers, a dit, que ſuivant la Délibération de la Cour , il avoit écrit & envoyé à M. de Tavannes le Réglement de Guerre qu'il a reçu de M. de Mayenne , Lieutenant Général de l'Etat & Couronne de France : lequel ſieur de Tavannes lui a fait réponſe par une Miſſive , qui a été lue ; & parcequ'il parle d'ajouter & diminuer aucunes choſes pour le bien & ſoulagement du Public , il en a voulu avertir la Compagnie , pour qu'elle lui donnât ſur ce ſes bons avis auxquels il deſire ſe conformer.

L'affaire miſe en délibération , & les opinions recueillies , il a été dit, que le Réglement ſera lû & publié ce jourd'hui à l'Audience publique , & obſervé ſuivant ſa forme & teneur, & les extraits envoyés par tout les Siéges & Villages de ce Reſſort , conformément à l'Arrêt qui en a été ci — devant dreſſé.

Ce fait , ledit ſieur de Senecey a dit, que depuis quelque temps il avoit été averti que quelques gens mal affectionnés à ſon endroit, ſemoient un bruit parmi le Peuple , qu'il faiſoit beaucoup de choſes contre la qualité qu'il porte , quoiqu'il ſe ſoit employé en toutes occaſions pour la conſervation de cette Ville & du Pays ; & comme il ne peut permettre telle choſe qui tend à émotion, il ſe propoſe d'en parler au Vicomte-Maïeur & Echevins , & à la plus grande partie des Habitans , qu'il fera aſſembler en la Chambre de Ville pour y remédier , & ſupplie la Cour pour l'autoriſation de cette affaire , de dé puter des Commiſſaires pour aſſiſter à cette Aſſemblée ; en laquelle il traitera auſſi les inconvéniens qu'il prévoit de la repriſe faite par M. de Tavannes du Château de Gilly , & de quarante ou cinquante Cavaliers qu'il a mis dedans pour faire des courſes aux portes de cette Ville. Pour à quoi remédier, il eſt beſoin de choiſir quelques Garniſons inutiles en la Province, & les loger aux Fauxbourgs & en l'Abbaye de Saint Benigne, & au Logis du Roi en cette Ville ; autrement il ſera contraint de quitter tout , & ſe retirer , pour éviter le blâme qu'il pourroit recevoir de permettre telles courſes , & n'avoir moyen de repouſſer les Ennemis. Eſtime, que la Cour le trouvera meilleur, que le Vicomte-Maïeur , auquel il en a déja parlé , qui a oppoſé aux précautions propoſées , les privi-

léges de la Ville ; mais il n'eſt beſoin d'y avoir égard en des temps
comme ceux-ci, ains, prendre exemple ès Villes de Paris , Amiens ,
Troyes , & pluſieurs autres qui ont
reçu des Garniſons pour leur conſervation & défenſe.

M. le Premier Préſident a répondu , que la Cour n'a accoutumé
d'envoyer des Commiſſaires en la
Chambre de Ville , ſans en être requis par les Maire & Echevins ;
mais qu'en autre choſe, elle aſſiſtera
toujours ledit ſieur de Senecey en
tout ce qu'elle pourra.

Du Samedi 23 Mars.

Lés Echevins Rouhier, Bernard
& Chiſſeret, Avocats , Bourlier,
Carlin , Bonnard & Pignalet, ayant
fait dire par le Greffier , qu'ils deſiroient parler à la Cour , & entrés
de l'ordonnance d'icelle , ont dit

par la voix dudit Rouhier, ce que s'enfuit :

MESSIEURS, nous avons été députés pour vous supplier très-humblement, comme nous faisons, de donner Arrêt sur les Requêtes qui vous ont été présentées par les Procureurs Syndics de la Ville & des Etats de ce Pays, pour le fait des Monnoyes fausses qui se fabriquent à Saint Jean de Losne ; parce que, c'est chose qui importe au Peuple, en ce que, quoiqu'ils n'ayent aucuns Monnoyeurs audit Saint Jean de Losne, ils ne laissent de gagner chacun jour cent écus, & en gagneroient trois cents, s'ils y avoient été experts pour travailler : ce qui se peut juger par les offres de pareille somme faites par le Maître de la Monnoye de cette Ville. Si tel gain étoit continué, & la fabrication & exposition de leur Mon-

noye tolérée , ce seroit leur donner moyen de nous faire la guerre,
& perdre tout. Outre que le Peuple voyant le nom du Roi de Navarre imprimé, comme il est , au-
tour desdites Monnoyes, où il est
qualifié Roi de France, s'accoutu-
mera par-là à le reconnoître pour
tel ; d'ailleurs il aviendra un inconvénient , que, comme il faut que
l'or achéte l'argent , & l'argent
l'or, ils tireroient tout le fin de nos
Monnoyes & en forgeront de foibles ; desorte qu'au lieu que douze
écus d'or pezent un certain poids,
il s'y trouvera un déchet considé-
rable ; & si ceux qui auront testons ,
quarts d'écu, ou francs, les feront
valoir ce qu'ils voudront ; & les
Marchands qui seront obligés les
prendre à si haut prix, augmente-
ront leurs marchandises à la foule
du Public , dont on a oüi les gran-

des clameurs. Pour y apporter remède , nous vous prions de donner
Arrêt enfuite de ceux déja ci-devant donnés, qui, fans cela, devien-
dront inutiles ; & n'y a chofe qui le
puiffe empêcher , d'autant qu'en
Italie , où il y a plufieurs Seigneu-
ries , les Sujets font bien contraints
de fe fournir de Monnoyes néceffaires & qui ont cours ès lieux où
ils vont & viennent : de même ,
ceux de Saint Jean de Lofne feront
de leurs Monnoyes ce qu'ils pourront ; mais il n'eft raifonnable que
nous les recevions en cette Ville ,
autrement nous nous infecterions
& rentrerions au mal , qui couroit
lors du décri des Monnoyes.

Sur quoi M. le Premier Préfident
a dit , que la Cour n'auroit pas
tant tardé à pourvoir fur lefdites
Requêtes , fi le Général des Monnoyes eût produit le procès-verbal

de l'eſſai deſdites Monnoyes ; ce qu'il n'a fait que le jour d'hier, qu'il fût communiqué au Procureur Général. Toutefois elle apportera en cette affaire tous les remèdes qu'elle pourra ; mais a recommandé auſſi auxdits Echevins de veiller à la conſervation & tranquillité de la Ville.

Veu la Requête des Elûs de ce Pays & de la ville de Dijon, à ce que les pièces nouvellement fabriquées en la ville de S. Jean de Loſne pour la valeur des pièces de ſix blancs au nom de Henri IV, ſe diſant Roi de France & de Navarre, ſous les Lettres de la Monnoye de Dijon, ſoient déclarées comme fauſſes en titre & bonté. Procès-verbal fait de l'autorité de la Cour par le Général & Officiers de la Monnoye de Dijon, de la qualité & bonté deſdites pièces contenant

vérification & reconnoiſſance d'un
P, & riólets marqués en différent
de ladite monnóye de Dijon, uſur-
pées & appoſées èſdites pièces ;
qu'au marc d'icelles il y a 76 pièces,
au lieu qu'il ne doit y en avoir que
53, tellement que chacune deſdites pièces ne peut valoir que 18
deniers, quoiqu'elles ſoient for-
gées pour valoir ſix blancs ; en quoi
il y a perte pour le peuple d'un ſol
ſur chaque pièce, & de 57 ſ. 6 d.
par marc. Concluſions du Procureur Général du Roi. La Cour, les
Chambres aſſemblées, a fait & fait
inhibitions & défenſes à toutes perſonnes de battre & forger monnoye
en ce Pays ailleurs qu'en la Monnoye établie d'ancienneté en la
ville de Dijon, ſur peine de faux ;
comme auſſi de donner cours,
prendre, recevoir & expôſer aucunes deſdites pièces, pour quelque

que prix & valeur que ce ſoit. Et
à cet effet, les a déclarées fauſſes &
fauſſement fabriquées. Enjoint à
tous ceux qui en peuvent avoir en
leur puiſſance, de les porter inceſſamment en ladite Monnoye, pour
être cizelées & converties en bil-
lon, ſur peine qu'il ſera procédé
contre eux par ledit Général &
autres Officiers, chacun en droit
ſoi, par les voies portées & contenues en l'Edit de 1577. Lequel
Edit elle enjoint audit Général &
autres Officiers faire diligemment
obſerver & entretenir, avec les déclarations ſur icelui inrervenues,
& informer diligemment tant contre les Fabricateurs deſdites pièces
que ceux qui expoſent leſdites
pièces d'or & d'argent, permiſes
par ledit Edit, à plus haut prix
qu'il eſt porté par icelui. Et ſera le
préſent Arrêt lu & publié en au-

V

dience & ès carrefours de cette ville de Dijon , & prônes des Eglifes Paroiffiales d'icelle , & les extraits envoyés à la diligence dudit Syndic des Etats par tous les Sièges de ce Reffort, pour y être pareillement publiés & imprimés, pour être affichés par placards au-devant des églifes & des auditoires des Sièges & Juftices inférieures, à ce que perfonne n'en puiffe prétendre caufe d'ignorance.

Du Mardi 30 Avril.

M. Fyot a dit, que le jour d'hier M. de Berbifey & lui furent en la Chambre-de-Ville, où M. de Senecey propofa l'arrivée de M. d'Aumont en ce Pays avec des Troupes , & que pour la fûreté de cette Ville il étoit befoin d'y mettre des Garnifons, parcequ'il avoit appris que les Habitans étoient

fort divifés , & qu'aucuns ne faifoient leur devoir au guet & garde,
& que les Vicomte-Maïeur & Echevins avoient demandé du temps
pour y répondre & en conférer
avec les Députés des Collèges &
principaux Habitans de ladite Ville,
& depuis avoient dit auxdits fieurs
Fyot & Berbifey , qu'ils les averti-
roient du jour & heure de ladite
Affemblée , partant qu'il étoit néceffaire de réfoudre ce que la
Cour entend faire propofer à ladite Affemblée.

A l'inftant , les Chambres affemblées , l'affaire mife en délibération,
a été dit : Que fi lefdits fieurs Fyot
& Berbifey font avertis par les Vicomte-Maïeur & Echevins de fe
trouver à ladite délibération , ils
diront que la Cour fe rèmet à la
prudence de M. de Senecey, pour
mettre dès forces dedans la Ville

pour la sûreté & défense d'icelle,
quand la nécessité le requérera, &
à la moindre foule qu'on le pourra.

Du Samedi 4 Mai.

M. Gagne a rapporté, que M.
de Mallerois & lui furent le jour
d'hier en la Chambre-de-Ville, où
l'on résolut que l'on ne recevroit
des Garnisons en cette Ville, sinon
en cas de nécessité & lorsque les
affaires le requéreront.

J U I N.

Edit par lequel les Offices de
ceux qui se sont rétirés & absen-
tés des Villes unies & se sont joints
aux Ennemis , sont déclarés vac-
quants & impétrables.

Du Mercredi 19.

M. le Goux , Avocat du Roi,
ayant demandé à parler à la Cour,

& entré par l'ordonnance d'icelle
a dit : Qu'il venoit d'être averti de
ce qui s'étoit paffé en la Citadelle
de Châlons pour corrompre la fidélité du fieur de Lartufie, Commandant en ladite Citadelle , pour li-
vrer cette Place à nos Ennemis , on
lui a compté les deniers dont on
étoit convenu avec lui , & cela par
le miniftère d'aucuns de ce Parlement retirés à Flavigny ; mais le
fieur de Lartufie les a pris pour
dupes , & a fait paroître fa fidélité
pour le parti des Catholiques de la
Province, ayant reçu lefdits deniers,
& ceux qui defiroient entrer dans
ladite Citadelle , moyennant lefdits
deniers, qu'il a retenus Prifonniers
avec leur argent , fur quoi il eftimoit qu'il étoit expédient d'écrire
audit fieur de Lartufie au nom de la
Cour , pour le congratuler de fa
belle action & de fon zèle pour les

Catholiques, fur quoi les autres Gouverneurs & Capitaines des Places & Citadelles de cette Province prendront exemple. Déclarant que de fa part il va écrire audit fieur de Lartufie, qui lui a donné avis de cet incident pour en informer la Cour ; & fera ravi d'accompagner la Lettre qu'il veut lui écrire, de celle qu'il mérite que la Cour lui écrive, & s'eft retiré.

L'affaire mife en délibération, a été dit que ledit fieur Avocat du Roi fera averti par le Commis au Greffe, d'inférer dans la Lettre qu'il écrira au fieur de Lartufie, qu'il a fait entendre fon action à la Cour : dont elle loue extrêmement ledit fieur de Lartufie, & le prie de continuer fa fidélité & bonne volonté, ce que ledit Commis au Greffe a fait.

Du Jeudi 20.

VEU les Lettres de Cachet des 23 Avril & 19 Mai derniers, écrites à la Cour par M. le Duc de Mayenne, pour députer Commissaires d'icelle, pour se trouver en l'Assemblée & Convocation des Etats Généraux à Rheims, où les autres Parlemens sont pareillement invités. Conclusions du Procureur Général du Roi. La Cour, les Chambres assemblées, a commis & député, commet & députe M. le Président Desbarres & M. le Conseiller Berbisey pour assister à ladite Assemblée & Convocation, & ordonne que les frais de leur voyage seront faits & supportés par les Etats de ce Pays.

SUR les Conclusions du Procureur Général du Roi, la Cour, les Chambres assemblées, a ordonné

& ordonne, qu'elle envoyera vers
M. le Duc de Mayenne aucuns du
Corps d'icelle, pour l'avertir, que
pour obvier aux défordres qui pro-
viennent par faute d'intelligence
& de correfpondance entre les
Villes de l'Union, il feroit à propos
d'enjoindre aux Villes Capitales des
Provinces de députer quelques
Notables Perfonnes pour être à fa
fuite, afin de recevoir fes commandemens en toutes les occurrences,
entendre fes volontés, & le faire
favoir à leurs Provinces ; conférer
les uns avec les autres des moyens
d'unir fous fon obéiffance toutes
les Provinces, & de remettre &
rérablir l'ordre ancien des Finances,
& par même moyen fera ledit Seigneur de ce requis & fupplié de
prendre le Corps de ladite Cour
en général & en particulier en fa
protection, conferver l'honneur &
dignité

dignité d'icelle , & maintenir· ſes anciens Privilèges , ſans permettre qu'ils ſoient enfreints & violés en aucun des Officiers dudit Corps.

Suivant lequel Arrêt à l'inſtant a été commis & député M. le Préſident Desbarres , & permis à icelui de choiſir tel de MM. les Conſeillers , qui bon lui ſemblera , pour l'aſſiſter & accompagner , lequel ſieur Préſident Desbarres a promis de faire ledit voyage ſi ſa ſanté le lui permet , & de s'employer de tout ſon pouvoir à l'exécution des mémoires qui lui ſeront donnés par ladite Cour.

MM. de Mallerois & Brenot, Syndics, ont dit, que le jour d'hier ils furent en la Chambre-de-Ville, ſuivant la délibération de Samedi dernier, où le Maire repréſenta qu'il étoit néceſſaire d'avoir des forces pour réſiſter aux Ennemis,

X

qui. empêchent journellement qu'on ne retire les grains en cette ville de Dijon, autrement qu'il appréhendoit qu'il n'arrivât du bruit. Pour ce faire il falloit 50 lanciers; & de l'argent pour leur solde. Pour pourvoir à cette solde, il falloit mettre un subfide fur le bled & vin qui entrera dans la Ville pendant un certain temps ; mais qu'il ne favoit fi on le trouveroit bon , & commença à recueillir les opinions des Echevins feulement, car quant à eux & MM. des Comptes, ils n'en vouloient donner leurs avis comme n'en ayant charge. Au moyen de quoi ils remirent l'Affemblée & réfolution jufqu'à cejourd'hui, pour favoir fur cela l'avis de la Cour & celui de MM. des Comptes.

L'affaire mife en délibération, a été dit, que lefdits fieurs Brenot

& Milliere affifteront à ladite Affemblée, & diront que la Cour eft
d'avis que l'on établiffe des forces
pour réfifter aux Ennemis jufqu'au
nombre de 50 ou 60 Cuiraffiers,
& qu'on leur donne pour Commandant le fieur de Francheffe,
qui fera prié d'en accepter la
Charge, & de mettre la Compagnie fur pied le plutôt qu'il pourra, par Convocation & Affemblée
de fes amis, comme auffi de la loger en tel lieu qu'il avifera pour la
facilité de la retraite & incommodité des Ennemis. Et pour leur en-
tretien fera pris & levé pour deux
mois un fubfide fur le bled & vin
qui entrera dans la Ville, fur toutes
perfonnes indifféremment & fans
exception, tel qu'on l'eftimera fuf-
fifant, eu égard à la dépenfe qu'il
faudra faire par mois, fans tirer à
conféquence, & que cette levée

puiſſe être levée ledit temps paſſé.
Ce fait, a été conclu l'Arrêt qui
s'en ſuit :

La Cour, les Chambres aſſemblées, a ordonné & ordonne à
tous les Habitans des Villes, Bourgs
& Villages de ce Reſſort, à quatre
lieues à la ronde de cette ville de
Dijon, de faire battre leurs grains,
& amener iceux dans ladite Ville
dans le 15 d'Octobre prochain, &
le ſemblable aux Habitans des
Villes Catholiques, avec défenſes
d'en mener ou faire mener aucuns,
ſoit à S. Jean de Loſne, ou autres
Villes & Châteaux tenant parti contraire à celui de l'Union, à peine
d'être déclarés Perturbateurs du
repos public, & procédé contre
les contrevenans, comme il appartiendra. Ce qui ſera publié par tous
les carrefours de cette Ville & ès

[245]

prônes des Eglifes Paroiffiales d'i-
celle , & èfdites Villes , Bourgs &
Villages , afin que perfonne n'en
prétende caufe d'ignorance.

*Du Jeudi 22 Août , les Chambres
affemblées.*

MM. Brenot & Milliere ont rapporté qu'ayant fait entendre l'avis
de la Cour en la Chambre-de-Ville,
les Députés de MM. des Comptes
dirent que les Etats avoient impofé des deniers pour le paiement de
4 Compagnies en ce Pays, & qu'il
les falloit mander , ou quelqu'unes
d'icelles pour le foulagement du
Peuple, & le garantir des inquié-
tudes que lui font les Ennemis.
Sur quoi le Maire répondit, que
cela feroit trop long de mander
lefdites Compagnies, & falloit avifer de mettre fur pied 100 Cui-

rasfiers, trouver un Chef & des deniers prêts. Que de choisir le fieur de Franchefle il n'étoit befoin de l'engager, parcequ'il étoit fort utile à la place gardée par lui. Pour le fait des deniers, qu'il avoit penfé à les prendre fur le bled & vin, mais que depuis il avoit changé d'avis, d'autant que ce fubfide apporteroit une chereté qui feroit crier le Peuple. De faire payer ceux qui devoient des cottes précédentes, qu'il ne fe devoit faire pour quelques confidérations. De les prendre fur 100 bons Habitans & bien aifés, il ne fe pourroit faire fans que les mal-affectionnés criaffent bien fort; qu'il ne penfoit qu'il y en eût à la Ville, autrement il faudroit paffer plus outre fur les maifons, que le Pauvre en payeroit autant que le Riche. Sur les marchands qui ameneroient des bleds

& vins à la Ville, qu'ils se dégoûteroient de ce faire, & iroient plutôt ès Villes Ennemies. Aussi les Ecclésiastiques de la Ville ayant grands revenus en grains, les vendroient sur les lieux pour se rédimer de payer le subside qui y seroit mis; tellement que de toute part on se trouveroit sans fonds, & néanmoins il falloit trouver 3000 écus dans 3 jours, & que chacun en portât sa part d'entrer en obligation comme du passé. Que ceux de la Ville n'y vouloient entendre, parcequ'étant hors de charge on les contraignoit au paiement des arrérages, & non MM. de la Cour, lesquels tireroient de la commodité desdits 100 hommes, tant pour leurs revenus que levée des deniers imposés pour le paiement des gages d'icelle; qu'au surplus on aviseroit avec M. de Franchesse de loger lefdits gens de guerre en quelque lieu plus commode autre que la Ville & Fauxbourgs.

Ce fait, MM. Jaquotot & Milliere, Maîtres des Comptes, ayant demandé à parler à la Cour, & entrés, après avoir pris place au lieu accoutumé, ont dit : Qu'ils avoient été députés pour faire entendre à la Cour que fur le fujet propofé par les Maire & Echevins de cette Ville, pour lever des gens de guerre, à fin de pouvoir empêcher avec effet les deffeins des Ennemis, ils avoient appris que les Elûs des Etats de la Province entretenoient 400 Lances pour tenir la campagne, lefquels néanmoins ne faifoient aucun fervice, quoique leur folde fut diftribuée & impofée fur le Pays, comme ils ont fait apparoir par des billets defdits Elûs ; & qu'à cette occafion la Chambre étoit d'avis, que l'on fit venir lefdits, Compagnies, ou aucune d'icelles, pour le foulagement de cette Ville & Refforts des Bailliages environnés defdits Ennemis de toutes parts, finon qu'on leur devoit retrancher leur paiement, & en employer les deniers pour la Compagnie que l'on veut lever. Dont ladite Chambre a cru devoir avertir la Cour, afin d'y trouver quelque remède pour empêcher les nouvelles impofitions & levées de deniers, qui pourroient être faites fur le Peuple qui n'eft que trop accablé. Ce que dit, fe font retirés.

Sur quoi, les opinions prifes, a été conclu, que lefdits fieurs Brenot & Milliere retourneront en ladite Chambre-de-Ville à la première Affemblée, & diront, que l'expédient du jour d'hier devoit être fuivi parcequ'il importoit

beaucoup, finon que la Cour eft
prête de s'obliger comme elle a fait
du paffé pour le paiement des
Suiffes étant en garnifon én cette
Ville, ou de fupporter fa part &
portion du fond qu'il conviendra
faire pour ladite levée, à la charge
de prendre les deniers fur les gages
d'icelle, impofés par les Elûs de ce
Pays, & non autrement.

*Du Lundi 26, les Chambres
affemblées.*

VEU la prétendue délibération
faite en la Chambre du Confeil de
la Ville de Dijon le 24 du préfent
mois d'Août, par laquelle les Vicomte-Maïeur & Echevins de ladite Ville auroient départi fur les
Officiers de la Cour de Parlement
& Chambre des Comptes audit
Dijon, portion de 2100 écus pour

la folde de 2 mois de 60 Cuiraffiers qu'ils entendent lever pour
faire battre & efcorter les bleds du
plat pays dans les Villes Catholiques , & de même à l'égard des
fruits de vigne , & empêcher les
courfes des Ennemis ; & ordonné
que pour le paiement de la fomme
de 350 écus à quoi lefdits Maire &
Echevins auroient cottifés lefdits
Officiers de la Cour & Chambre
des Comptes, le premier mois, MM.
Brulart, Premier Préfident de ladite Cour , Jaquot, Premier Préfident de la Chambre des Comptes,
Bretagne , Baillet , Catherine ,
Confeillers , Maillard , Milliere &
Millet , Maîtres des Comptes, feroient contraints l'un pour l'autre,
& chacun d'eux pour le tout , à
faute de mettre ladite fomme dans
deux jours ès mains de Jean Bou-
drenet , Echevin-Commis à la Re-

cette defdits Deniers. Et pour le fecond mois, que pareille fomme de 350 écus feroit payée dans le 25 du prochain mois de Septembre ès mains dudit Receveur, par les fieurs Desbarres , Préfident en ladite Cour, Fremyot , Préfident en la Chambre des Comptes , Morin Confeiller , Bouhier , Commiffaire aux Requêtes , Maillard, Audiencier en la Grande Chancellerie, Maillard , Tréforier de France , Loppin, Maître des Comptes, & Brocard, Auditeur en ladite Chambre , fur les mêmes peines. La Cour, les Chambres affemblées, a caffé , révoqué & annullé ladite prétendue délibération comme faite par gens qui n'ont pu ni dû toucher ni au Corps, ni aux Particuliers d'icelle ; fait inhibition & défenfes audit Vicomte-Maïeur & Echevins de s'en aider & d'entreprendre telles chofes ci-après , à peine d'en répondre en leurs propres & privés noms; ordonne au Procureur Syndic de ladite Ville , de faire lire & regiftrer le préfent Arrêt en la Chambre deVille,& en certifier; & néanmoins déclare ladite Cour , qu'elle départira fur tout le Corps d'icelle par chaque mois la fomme de 175 écus, laquelle fera levée en toute diligence par le Receveur des Gages de ladite Cour , & par lui payée en forme de prêt qu'elle fera aux Elûs de cette Province , à M. Jean Levifey leur Receveur , pour être employée à l'entretenement defdits 60 Cuiraffiers , dont ladite Cour a nommé pour Chef le fieur de Francheffe.

Du Mardi 3 Décembre, les Chambres assemblées.

M. le Conseiller de Berbisey a dit : Que suivant la Députation faite de sa personne, il s'étoit acheminé en la Ville de Rheims, où on avoit convoqué l'Assemblée des Etats Généraux de France, & n'y ayant trouvé M. le Duc de Mayenne, il fut contraint de l'aller chercher à Laon, où il lui fit les remontrances selon qu'elles lui avoient été données par écrit ; lequel Duc de Mayenne lui répondit, qu'il louoit beaucoup l'affection & bonne volonté de cette Compagnie, & la prioit d'y continuer. Et comme l'assemblée desdits Etats Généraux avoit été remise, à cause que tous les Députés des Parlemens ne s'y étoient trouvés, il avoit été d'avis, que ledit sieur de Berbisey s'en retournât à Dijon , jusqu'à ce qu'il fût délibéré de convoquer ladite Assemblée , & le chargea d'une missive pour la Cour , laquelle il a présentée, avec une autre dudit sieur aux Elus de ce Pays, pour faire payer les gages des Officiers de ladite Cour, & sur ce, s'en est revenu, n'ayant trouvé nul moyen de faire davantage pour le général, ni pour le particulier.

Lesdites Lettres vues, M. le Premier Président a dit au sieur de Berbisey, que la Compagnie lui rendoit graces des poursuites & diligences qu'il avoit faites pour son service. Et a dit le sieur de Berbisey, que le sieur Président Jeannin l'avoit chargé de mille complimens pour la Compagnie, & fait mille offres de service au Corps, & à tous les particuliers qui le composent.

Du Lundi premier Juin 1592, les Chambres assemblées.

M. le Vicomte de Tavannes, Chevalier de la Cour, entré & assis au banc du côté de la Chapelle, audessus de Messieurs les Conseillers, a dit : Qu'aucune chose ne devoit être prétermise, & que la cause la plus juste étoit de faire la guerre à la tyrannie, les Rois n'étant Rois qu'avec des conditions, & que ceux qui avoient fait la guerre à l'Hérétique, en seroient loués d'ici à cinq cens ans ; c'est pourquoi il avoit accompagné M. le Duc de Mayenne ès armées qu'il avoit en Normandie & ailleurs, estimant que Dieu lui feroit la grace de mettre fin à ces guerres par une bataille. Mais comme la division ne l'a pas permis, il a été envoyé en Bourgogne par ledit

ledit fieur de Mayenne, avec un pouvoir, qu'il préfentera à la Cour, pour mettre cette Province en tranquillité. Et comme il fait que la Cour y peut beaucoup, il la fupplie de le vouloir affifter de fes confeils & y apporter de l'affection, laquelle jointe avec la fienne, il eftime qu'on en tirera du profit. Qu'en cette Compagnie, il a appris à faire la Juftice; qu'il tâchera de rétablir l'autorité d'icelle, fans la fplendeur de laquelle tout tombe dans le défordre; qu'il fçavoit que beaucoup de gens de bien l'affifteroient dans cette caufe; & que fi aucuns étoient affectionnés au parti des ennemis, ça été faute de jugement, & parce qu'ils étoient embarqués en même péril que ceux de l'Union; qu'il étoit à préfumer que trois ou quatre petites Villes que les ennemis tenoient, on pourroit facilement les

Y

réduire ; ce qu'il falloit leur remontrer pour leur faire embraſſer le
parti des Catholiques, qui eſt la
cauſe de Dieu, par la permiſſion
duquel les affaires ſeront remiſes
en leur premier état.

Sur quoi M. le Premier Préſident
a dit : Que la Compagnie l'aſſiſtera
toujours très-volontiers de ſes confeils, & cela avec beaucoup de zèle
& d'affection au bien de la Province, ainſi qu'avoit fait feu M. le
Maréchal de Tavannes ſon Pere ; &
quand ce ne ſeroit que la Charge
qu'il a dans cette Cour, il peut
beaucoup faire pour le repos du
Public, & rémédier au mal par ſa
prudence, quoiqu'il y prévoye des
difficultés. Cette Compagnie eſpère,
qu'étant bien unie, toutes choſes
pourront être rétablies, & la
Province conſervée, en attendant
qu'il ait été pourvu au général du
Royaume.

Du Lundi 29.

Le sieur Vicomte de Tavannes
entré , a dit : Que suivant le commandement de M. le Duc de Mayenne , il a fait assembler partie de la
Noblesse & des Députés du Clergé
& des Villes de ce Pays , pour remédier au désordre qui vient , tant
du côté des ennemis , que même de
ceux du parti de l'Union , lesquels ,
de part & d'autre , imposent de leur
autorité , & lèvent des deniers sur
les Villageois , ensorte que si l'on
n'y pourvoit promptement , il est
à craindre que tout ne soit ruiné ;
car il se trouvera qu'un seul Village
sera contraint de contribuer en huit
ou neuf places , tant Villes que Châteaux , ce dont la Cour n'est peut-
être que trop informée , parce
qu'ordinairement les plaintes des

Villageois viennent à elle. Partant, a prié ladite Cour, de députer Commiſſaires d'icelle, pour
aſſiſter à ladite Aſſemblée, pour la
conduire par ſes lumières, & réformer ce qui eſt du bon ordre de
réformer; eſtimant que ſa réquiſi-
tion ne ſera pas refuſée, tant pour
le zèle & affection que chacun a
au bien public, que pour l'intérêt
particulier que l'on reçoit de tels
déſordres.

A quoi M. le Premier Préſident
a dit : Que ci-devant aucuns de
Meſſieurs de cette Compagnie ont
aſſiſté comme particuliers ès aſſemblées des Etats de ce Pays ; mais on
n'a pas encore oüi dire ni vu que
la Cour y ait député des Commiſſaires ; toutefois, comme en ce
tems beaucoup de choſes qui n'ont
jamais été faites peuvent être né-
ceſſaires, la Cour, par conſidéra-

tion pour le bien public, se dispo-
sera toujours à se prêter à tous les
moyens de le procurer. Et s'est ledit
Vicomte de Tavannes retiré.

Et à l'instant, les Chambres af-
semblées, & l'affaire mise en délibération, ont été députés Messieurs
Desbarres, Président, Fyot l'aîné
& Baillet, Conseillers, pour
assister en ladite Assemblée, pour
y oüir les propositions qui y seront faites, & en faire rapport à
la Cour.

*Du Vendredi 3 Juillet, les Chambres
assemblées.*

Messieurs Desbarres, Président,
Fyot l'aîné, & Baillet, Conseillers,
par la voix dudit sieur Président Desbarres, ont dit : Que suivant leur
députation, ils furent Mercredi
matin à l'Assemblée faite par les
Députés de l'Eglise, la Noblesse &

le Tiers-Etat, au logis du sieur Vicomte de Tavannes, lequel, ayant fait préparer des bancs en quarré, pris place au-dessus d'eux, auprès de lui, les gens de l'Eglise d'un côté, ceux de la Noblesse de l'autre, & le Tiers-Etat au dessous. Et ce fait, fit ledit sieur Vicomte une proposition de ce qu'il desiroit être traité en ladite Assemblée : Qui étoit, de se disposer à quelque réformation, & faire la guerre aux ennemis, parce qu'il n'y avoit moyen de faire trève avec eux. Et plusieurs autres choses qui ne concernoient aucunement cette Compagnie. Laquelle proposition finie, fut arrêté que l'on se retrouveroit de Relevée au logis du Roi, où s'étant lesdits Sieurs retrouvés, entendirent les Députés de l'Eglise, de la Noblesse & du Tiers-Etat, qui demandèrent permission de s'assembler, chacuns en leurs Chambres, pour pourvoir fur ladite propofition. Ce qui leur ayant été accordé, ils demeurèrent quelques tems avec ledit fieur Vicomte de Tavannes ; & voyant qu'on ne leur difoit aucune chofe, fe retirèrent , & depuis ne fe font retrouvés en ladite Affemblée , ayant jugé n'y être néceffaires.

Quoi oüi , lefdits Sieurs ont été remerciés de la peine qu'ils ont prife ; Et néanmoins on leur a dit, que s'ils font mandés en ladite Affemblée , ils pourront s'y trouver & entendre ce qu'on voudra leur propofer, afin d'en faire rapport à la Cour, laquelle y pourvoira comme elle trouvera être à faire.

M. Brenot, Syndic , ayant fait lecture d'une Miffive envoyée par les Maire & Echevins de Seurre, pour avertir la Cour que le Capitaine Guillerme , tenant garnifon

audit Seurre, s'étoit faisi de la somme
de trois cens & tant d'écus destinés
au payement des gages des Officiers
de la Cour, les voulant employer
pour fa garnifon.

A été mandé M. le Goux, Avocat du Roi, lequel la Cour a député
pour en aller faire plainte, tant audit fieur Vicomte de Tavannes,
qu'auxdits Députés ; comme auffi
du refus fait par les Maire & Echevins de Châlons , de payer ce à
quoi ils ont été impofés pour lefdits Gages. A cet effet, lui a été
mife en main ladite Miffive.

Et ledit fieur le Goux de retour,
a dit avoir fatisfait à fa Commiffion , & que fes plaintes ont été
trouvées juftes, tant par ledit fieur
Vicomte que Députés, lefquels lui
ont fait entendre qu'ils étoient
fort difpofés à établir un bon ordre
pour le payement des gages des
Officiers ,

Officiers, & faire cesser les entreprises des Capitaines des Places,
même ledit sieur Vicomte, qui a
conjuré cette Compagnie de l'assister de ses conseils ; ce faisant, elle
connoîtra l'affection & respect qu'il
a pour elle, dont Messieurs de la
Tournelle ont été avertis.

*Du Lunai 13, les Chambres assem-
blées.*

Sur ce qui a été proposé par M. le
Premier Présient, qu'il avoit fait
assembler les Chambres, pour aviser
sur les réquisitions faites Samedi
dernier par le Procureur Syndic de
la Ville de Dijon, que Commissaires fussent députés pour se trouver
en la Chambre de Ville ce jour-
d'hui, pour aviser des moyens
prompts pour trouver deniers, à
quoi ladite Ville a été imposée pour
les frais de la Guerre. A été dit, que

l'on enverra devers le fieur Vicomte de Tavannes, pour lui faire entendre, que lefdits deniers néceffaires n'étoient demandés à ceux de la Ville que par forme d'avance, & les devoient reprendre & faire impofer fur tout le Plat-Pays ; & que par conféquent que les Officiers de la Cour ne pouvoient ni ne devoient y être impofés, à caufe de leurs Charges & Priviléges, & que c'étoit à lui de mander les Maire & Echevins, pour les faire décharger de cette contribution. A cet effet, ont été députés Meffieurs Desbarres, Préfident, de Mallerois, Brenot, Bernardon & Millière, Confeillers, & le Goux, Avocat du Roi, lefquels font allés à l'inftant trouver ledit fieur Vicomte. Et étant de retour, ont dit : Qu'après les remontrances y-deffus, il leur a fait réponfe : Que la volonté de M. de

Mayenne étoit que la Justice fût reconnue, & les Membres d'icelle honorés ; que lui pensoit de même : mais que l'on ne devoit différer de contribuer aux frais de la guerre, comme faisoient ceux de l'Eglise & le Tiers-Etat ; & quant à la Noblesse, elle y emploiera sa vie & ses moyens, parce que tous étoient embarqués dans le même vaisseau & péril, & que les Officiers du Parlement de Rouen avoient toujours fait de belles offres, les uns de cinquante écus, les autres plus & moins, selon leurs moyens ; que si chacun faisoit de même, ce seroit un grand bien. Toutefois a promis d'en parler au Maire, & aider la Cour de tout son pouvoir, la priant de l'aider aussi, & de former arrêt contre les ennemis, afin que l'on puisse compter sur quelque chose.

Quoi oüi, a été dit, que Messieurs

Fyot l'aîné, & Brenot, Confeillers,
en communiqueront audit Vicomte-
Maïeur ; & que M. le Goux, mandé, fe trouvera en la Chambre de
Ville, pour faire remontrances auxdits Vicomte-Maïeur & Echevins
fur le fujet des Priviléges de la Cour;
& ce fait , fe retireront fans attendre leur Délibération.

Du Mardi 14,

M. le Goux, Avocat du Roi,
ayant demandé à parler à la Cour,
entré, a dit, qu'il fut le jour d'hier
en la Chambre du Confeil de cette
Ville, fuivant l'Ordonnance de la
Cour , & fit entendre aux Vicomte-
Maïeur & Echevins tout ce qui lui
a été poffible pour faire décharger
les Officiers de la Cour de la contribution prétendue par lefdits Vicomte-Maïeur & Echevins ; après
quoi il fe retira , fuivant les ordres

de la Cour ; ne fçachant au reste ce
qui a été par eux résolu, dont il a
été remercié par M. le Premier Président.

*Du Mardi 4 Août, les Chambres
affemblées.*

Veu les Lettres-Patentes données
à Caudebec le 11 Mai dernier, par
lesquelles Meffire Jean de Saulx,
Vicomte de Tavannes, Maréchal
de Camp des Armées Catholiques,
auroit été pourvu de la Charge de
Lieutenant-Général au Gouvernement de Bourgogne, avec les pouvoirs y mentionnés. Conclufions
du Procureur-Général. LA COUR,
les Chambres affemblées, a ordonné & ordonne, que ledit de Saulx
fera reçu en ladite Charge, en prê-
tant le ferment en tel cas requis,
pour jouir du contenu efdites Lettres, fans attoucher à la Juftice or-

dinaire, & sans aucune diminution des pouvoirs & autorité du Parlement ; à cet effet lesdites Lettres seront lues, publiées & enregistrées, & les extraits d'icelles avec le présent arrêt envoyés ès Sièges des Bailliages de ce Ressort, pour y être pareillement lus, publiés & enregistrés, à ce que personne n'en ignore.

Ce fait, ledit sieur Vicomte de Tavannes mandé au Conseil, & étant derrière le Bureau, l'Arrêt ci-dessus lui a été prononcé par M. le Premier Président ; & suivant icelui a prêté le serment, juré & promis de bien & duement faire ladite Charge de Lieutenant-Général en cette Province, comme il appartient, & qu'il est mandé par lesdites Lettres, sous les modifications toutefois contenues audit Arrêt, & s'y comporter comme un bon & notable Lieutenant-Général doit faire. Puis après il a été installé & mis en poſſeſſion de ladite Charge, par la ſéance qu'il a priſe au Banc, étant du côté de la Chapelle, au-deſſus de tous Meſſieurs les Conſeillers, portant, ledit ſieur Vicomte, ſon épée au côté, comme ont accoutumé les Gouverneurs des Provinces.

Et étant aſſis, a dit: Qu'il remercioit très-humblement la Cour de l'honneur qu'elle lui faiſoit, & la ſupplioit de croire, qu'il n'avoit deſiré cette Charge par ambition, ains pour l'affection qu'il avoit pour le ſervice de Dieu & de ſa Patrie, & d'y être utile. *Auſſi que quand il plaira à M. le Duc de Mayenne d'y commettre quelqu'autre & de l'envoyer ailleurs, il exécutera ſes ordres avec ſoumiſſion :* Qu'il n'oubliera rien pour ſoutenir l'autorité de la Cour, &

qu'il maniera toutes chofes concernant le bien & la sûreté de la Province par fes avis, la fuppliant de
les lui donner, quand il fera befoin
de pourvoir aux affaires du Public.

Sur quoi M. le Premier Préfident
a dit, qu'il importe que cette Compagnie foit mieux refpectée que par
le paffé, autrement toutes chofes
tomberont dans le défordre, & fera
contrainte la Cour de fermer la
porte, fi ceux qui doivent prendre
la loi d'elle continuent leurs injuf-
tices & mépris. Partant, a prié ledit
fieur Vicomte de Tavannes de conferver & maintenir les Privilèges
& l'autorité de la Cour, & faire
fa Charge avec grande correfpondance avec elle, ainfi que l'ont fait
fes prédéceffeurs. Quoi faifant, les
affaires pourront fe remettre, &
l'autorité publique reprendra fon
luftre.

Du Mardi 13 Janvier 1593, les
Chambres assemblées.

M. le Vicomte de Tavannes, Lieutenant-Général du Gouvernement de Bourgogne, entré & assis au banc du côté de la Chapelle, au-dessus de MM. les Conseillers, a dit : Que M. de Mayenne ayant résolu de faire assembler les Etats-Généraux en la Ville de Paris, l'avoit averti de s'y trouver avec les Députés de cette Province, à quoi voulant satisfaire, *tant par l'obéis-* *sance qu'il doit audit Duc de Mayen-* *ne,* qu'à cause de la Charge qu'il porte, qui l'oblige à la manutention de la Religion Catholique & de l'Etat ; néanmoins ne vouloit partir sans pourvoir à la sûreté de cette Province, & y laisser des forces suffisantes pour résister aux Enne-mis. Priant la Compagnie de veiller

à la confervation de cette Ville , &
de maintenir icelle en repos & tranquillité , & à ce qu'il ne foit fait
aucun changement , lequel féroit
caufe non - feulement de la ruine
des bons Catholiques , mais de ceux
qui voudroient foutenir le parti des
Ennemis. Ce fait, a préfenté deux
miffives écrites par M. le Duc de
Mayenne à la Cour, defquelles lecture ayant été faite, il s'eft retiré.

Et parce que par lefdites miffives
écrites à Paris au mois de Décembre dernier, eft mandé en la Cour
d'envoyer les Députés d'icelles
pour fe trouver à l'Affemblée defdits Etats - Généraux , affignés au
17 du préfent mois de Janvier, à été
dit, que MM. Desbarres , Préfident,
& Berbifey, Confeillers, ja députés
par avant du 20 Juin 1591 , où l'un
d'iceux affifteront à ladite convocation , & à cet effet leur feront mis

en main les Mémoires dreffés dès
ledit temps , defquels lecture a été
faite.

Du Jeudi 21.

Me Pierre Jachiet , Procureur
Syndic de cette Ville , entré en
cette Chambre par permiffion de la
Cour, a dit : Que le fieur Vicomte
de Tavannes étant prêt de partir ,
a ordonné au fieur de Francheffe
de faire entretenir dans cette Ville ,
pendant fon voyage, 30 ou 40 Soldats à cheval , fous la charge du
fieur de Vaucourt, afin d'empêcher
les courfes des Ennemis , & qu'ils
ne fe faififfent des vivres & denrées
que les Villageois voudroient amener dans cette Ville. Mais d'autant
que lefdits Soldats n'ont chacun
que dix écus de folde fur la recette
du Pays , & qu'il leur feroit impof-
fible de vivre à la Ville & s'entre-

tenir pour ladite fomme, ledit fieur de Francheffe a avifé, avec les antiques Maire & Echevins, de s'affembler demain, heure de midi, en la Chambre de Ville, pour pourvoir au fupplément de ladite folde defdits gens de guerre & payement d'iceux. Et comme cette affaire concerne la fûreté & utilité de tous les Habitans de ladite Ville, il a été chargé de fupplier la Cour de députer des Commiffaires pour affifter à ladite Affemblée, & s'eft retiré.

Sur quoi, les Chambres affemblées, a été dit que MM. Fyot & Brenot, Commiffaires & Syndic de la Cour, affifteront à ladite Affemblée, pour pourvoir à la fûreté de la Ville, fuivant la Commiffion de M. le Vicomte de Tavannes, & où il feroit befoin d'y mettre des gens de guerre, remontreront qu'ils doivent être payés par Elus de ce Pays,

comme ceux qui font à Châlons &
aux autres Villes de la Province.

M. Brenot a dit : Que Dimanche
dernier il fut, avec M. Fyot, à
l'Affemblée qui fe fit en la Chambre
du Confeil de ladite Ville de Dijon, où l'antique Maïeur propofa
qu'il avoit été réfolu & avifé, avec
le fieur de Francheffe, de prier le
fieur de Vaucourt d'amener trente
Soldats à cheval pour la fûreté de
cette dite Ville, & empêcher les
courfes des ennemis, avec environ
vingt Habitans qui s'y employe-
roient volontairement. Il ne reftoit
qu'à pourvoir au fupplément de
leur folde qui pouvoit revenir à
180 écus par mois, dont les Privilégiés & Eccléfiaftiques devoient
fupporter une partie pour le foulagement du peuple, attendu qu'ils
en auroient le profit ; fur quoi ils
n'auroient fait aucune réponfe,

ni les Députés des Gens des Comptes ; ains feulement pris charge de le rapporter à la Compagnie. Laquelle, par avis & délibération des Chambres, a conclu & délibéré, qu'elle contribuera audit fupplément pour deux mois, à la charge d'en être remboursé par les Elus de ce Pays ; & que lefdits fieurs Syndics le feront fçavoir audit antique Maïeur.

Du Mercredi 27.

M. Brenot Syndic, a dit : Qu'il avoit parlé à l'antique Maire, fuivant la délibération du jour d'hier, lequel lui a répondu qu'il écriroit au fieur de Vaucourt pour le faire acheminer le plutôt qu'il fera poffible.

Du Vendredi 5 Février.

Sur ce que M. Brenot Syndic,

a dit, que l'antique Maire Laverne l'a prié de faire entendre à la Cour que le sieur de Vaucourt avoit envoyé son Maréchal des Logis en cette Ville, pour aviser du nombre des gens de guerre que l'on veut appeller pour empêcher les courses des ennemis, & arrêter le supplément de la solde, afin de députer des Commissaires pour assister à la délibération qui s'en fera avec ledit Maréchal des Logis. A été dit que lesdits sieurs Brenot & Fyot se trouveront à ladite Assemblée.

Du Samedi 6.

M. Brenot a dit : Que M. Fyot & lui furent le jour d'hier au Château avec les Maire & Echevins, pour parler au Maréchal des Logis du sieur de Vaucourt ; mais ils ne résolurent rien, parce que ce Maréchal dit que le sieur de Vaucourt avoit

ſa Compagnie compoſée de cinquante Cuiraſſiers qu'il ne vouloit
ſéparer.

Du Samedi 20 Mars, de Relevée.

LA COUR, les Chambres conſul-
tées, averties de l'arrivée en cette
Ville de Henri, fils de M. le Duc
de Mayenne, a député pour l'aller
ſaluer M. le Préſident de Montholon, & MM. Bouhier, Brenot &
Fyot, Conſeillers.

Du Mardi 23, les Chambres
aſſemblées.

Veu les Lettres-Patentes du 17
Mai 1592, par leſquelles Meſſire
Claude de Bauffremont, Seigneur
& Baron de Senecey, auroit été
déchargé à pur & à plein de tout
ce qu'il a fait & ordonné en la Charge de Lieutenant-Général au Gouvernement de Bourgogne, & les

états,

états , ordonnances , décrets , &
toutes autres chofes quelles qu'el-
lesfoient , & pour quelqu'occafion
que ce foit & puiffe être par lui faites en ladite Charge , validées , ap-
prouvées & autorifées , fans qu'a-
lors ni à l'avenir il en puiffe être
inquiété ni recherché. Conclufions
du Procureur Général. LA COUR,
les Chambres affemblées, a ordonné
& ordonne que lefdites Lettres feront regiftrées ès Regiftres d'icelle.
Et retenu que le préfent Arrêt a été
fans préjudicier ès appellations
interjettées par aucuns particuliers des Jugemens donnés par ledit de Bauffremont , fur lefquelles
fera fait droit par ladite Cour, ainfi
qu'il appartiendra.

Du Lundi 29.

LA COUR avertie que MM. les
Prince de Mayenne & Vicomte de

A a

Tavannes venoient au Palais, & étoient en la grande Salle, a députe MM. Brenot & Fyot, Syndics de la Compagnie, pour aller au-devant d'eux, & lesdits sieurs entrés, ont pris place ; à sçavoir, le sieur Prince de Mayenne en la chaise de velours violet, étant au-dessus du banc de MM. les Conseillers, du côté de la Chapelle, & ledit sieur Vicomte de Tavannes au banc au-dessus desdits sieurs Conseillers, & après avoir salué la Compagnie & tenu quelques propos d'une voix si basse, qu'on ne les a pas entendus, l'on est allé à l'Audience en la Salle des Plaidoyers, où lesdits sieurs ont assisté. Ayant ledit sieur Prince son épée au côté. Et en bas, au banc des Nobles, se sont assis les sieurs de Franchesse, de Drée de Pouilly, & quelques autres Gentilshommes de la suite dudit Prince.

Du Mardi 30.

M. Le Goux, Avocat du Roi, ayant demandé à parler à la Cour, & entré de l'ordonnance d'icelle, a mis sur le Bureau des Lettres-Patentes en forme de Chartres, envoyées par M. le Duc de Mayenne, Lieutenant Général de l'Etat & Couronne de France, pour la réunion des Catholiques suivans le parti des Hérétiques, avec des Lettres-de Cachet dudit sieur, avec des Lettres de M. de Berbisey, Conseiller à la Cour & Député à Paris, & s'est retiré, lesquelles Lettres & Missives vues & envoyées en la Tournelle, par avis & délibération de la Chambre, a été dit qu'elles seront communiquées au Procureur Général du Roi.

Du Mercredi 31.

Veu les Lettres-Patentes en forme de Chartres, données à Paris au mois de Décembre dernier, pour la réunion des Catholiques fuivans le parti des Hérétiques. Conclufions du Procureur Général du Roi.

La Cour, les Chambres confultées, a ordonné & ordonne que lefdites Lettres feront publiées à la prochaine Audience, & les extraits d'icelles envoyés à la diligence dudit Procureur Général, ès Sièges de fon Reffort, pour y être pareillement lus, publiés & enregiftrés.

Du Samedi 3 Avril.

Le Procureur Syndic de la Ville de Dijon ayant demandé à parler à la Cour, eft entré de l'ordonnance d'icelle, & a dit : Que M. le Duc de

Mayenne ayant arrêté en son Conseil de faire la guerre aux ennemis, a demandé les moyens aux Elus de la Province, lesquels ont répondu qu'ils étoient prêts d'imposer, mais que la levée desdites impositions seroit longue ; à l'occasion de quoi il auroit avisé de faire faire quelques sommes de deniers aux Villes de ce Pays, & de fait en avoit déja parlé aux Vicomte-Maïeur & Echevins de cette Ville, lesquels ont chargé ledit Procureur Syndic de supplier la Cour de députer ses Commissaires pour se trouver en la Chambre du Conseil de ladite Ville, demain à une heure de relevée, pour y aviser.

A l'instant les Chambres assemblées, & l'affaire mise en délibération, ont été députés MM. Brenot & Fyot, Conseillers Syndics, pour se trouver en ladite Assemblée, faire

entendre audit Vicomte-Maïeur &
Echevins , que les Privilégiés ne
peuvent être contraints d'avancer
les deniers & frais qui doivent être
supportés par les Elus du Pays. Que
si l'on veut faire des impositions sur
le Corps de la Ville , & les y comprendre , ils n'en peuvent suppor-
ter qu'un cinquième ou le quart au
plus , à raison de la diminution du
nombre des Privilégiés réduits à la
moitié des Barremens des gages depuis cinq ans , & de la nécessité
dont chacun est accablé , & à la
charge que lesdits Elus seront tenus de donner assurance pour le
rétablissement desdits deniers.

Du Lundi 6.

M. Brenot , Syndic, a dit que le
jour d'hier il se trouva à la Chambre du Conseil de la Ville de Dijon, avec M. Fyot , où il fut résolu

de faire avance de deniers selon que
l'avoit demandé M. de Mayenne,
& que ceux de la Ville entendoient
en faire porter le tiers aux Privilégiés, comme on l'avoit fait ci-devant, toutefois qu'il en avoit depuis communiqué particulièrement
avec le sieur de Laverne, antique
Maire, qui lui avoit promis de
moyenner ladite contribution s'il
étoit possible ; toutefois qu'il esti-
moit que tout ce que l'on pourroit
gagner en cette affaire, c'étoit de
réduire icelle entre le tiers & le
quart.

Du Samedi 10.

M. Fyot l'aîné a dit avoir communiqué avec le Prince de Mayenne & le Vicomte de Tavannes, du
refus fait par les Maire & Echevins de recevoir l'offre des Privilégiés, & Officiers de la Chambre

des Comptes & du Parlement, de
fupporter le quart des deniers demandés par ledit fieur Prince de
Mayenne, & que lefdits Sieurs lui
ont promis de mander les Maire
& Echevins, & leur faire entendre
qu'ils devoient accepter ledit quart
fans entrer en conteftation plus
grande. Tellement qu'il n'étoit plus
néceffaire d'en communiquer davantage.

Du Mardi 6 Juillet.

Me. Pierre Jachiet, Procureur
Syndic de cette Ville de Dijon,
ayant demandé de parler à la Cour :
iccelui entré, a dit : Que les Vicomte-Maïeur & Echevins l'avōient
chargé de la fupplier de députer
Commiffaires, pour fe tranfporter
aujourd'hui en la Chambre du Confeil de ladite Ville, afin d'avifer
s'il eft néceffaire d'appeller en cette
Ville

Ville quelques Gens de guerre , pour empêcher les courses des Ennemis qu'ils pourroient faire devant les moissons prochaines , & s'est retiré. L'affaire mise en délibération , & les Chambres consultées , a été dit , qu'on fera entendre audit Syndic qu'il n'est nécessaire de s'assembler, à cause que le temps presse , & que le plus expédient est d'en écrire à M. de Mayenne , & le supplier d'y pourvoir incontinent; & cependant, que lesdits Vicomte-Maïeur & Echevins ayent à tenir la main à la sûreté de la Ville ; ce qui a été prononcé audit Syndic mandé pour cela.

Du Lundi 12.

Le Procureur Syndic de la Ville de Dijon , entré dans cette Chambre par permission de la Cour , a dit : Que M. de Mayenne avoit écrit

au Vicomte-Maïeur, qu'il ne pouvoit envoyer des Gens de guerre
en cette Ville pour faciliter la récolte, fans trop affoiblir fon armée;
mais que fi l'on avoit affaire entié-
rement d'icelle, il retourneroit par-
deçà. Et parce qu'il étoit néceffaire
d'y pourvoir incontinent, les Magiftrats l'ont chargé de fupplier la
Cour de députer des Commiffaires
d'icelle, pour fe trouver ce jour-
d'hui en la Chambre du Confeil de
la Ville, afin de fe réfoudre, & s'eft
retiré.

Et à l'inftant les Chambres affemblées, a été dit, que MM. Fyot &
Brenot, Syndics de la Compagnie,
fe trouveront en ladite Chambre,
pour avifer fur ce que deffus.

Du Mardi 13.

M. Brenot a dit : Que le jour
d'hier il fe trouva en la Chambre

de Ville avec M. Fyot, où il fut réfolu que l'on leveroit des Gens
de guerre & Volontaires de cette
Ville, fous la conduite du fieur de
Franchefle, pour faciliter la récolte
des grains qui font ès environs de
cette Ville, & empêcher les courfes & ravages des Ennemis; & que
pour le payement defdits Gens de
guerre feront levés 600 écus dans
quinze jours feulement, dont les
Officiers de la Cour & Chambre
des Comptes porteront 150 écus.
Le Maire propofa aufli qu'il étoit
très-néceffaire d'ouvrir les quatre
portes de la Ville, & que pour la
garde d'icelles & foulagement des
Habitans, il feroit expédient que
les Officiers de ladite Cour &
Chambre des Comptes y allaffent
pendant cinq ou fix jours, & quatre
de chacun Collége par jour; &
quant à la Garde de nuit, il y

B b 2

pourvoiroit le mieux qu'il lui feroit poffible.

Du Jeudi 15.

Sur ce que le Procureur Syndic de la Ville de Dijon a fupplié la Cour d'avifer fur ce qui fut propofé, Lundi dernier, en la Chambre du Confeil de ladite Ville , qu'il étoit néceffaire que les Privilégiés allaffent à la garde des portes pendant la moiffon , & à cet effet, commencer dès demain : les Chambres confultées , il a été dit au Syndic mandé au Confeil , que MM. les Préfidens & Confeillers ne peuvent aller en perfonne à la garde, fans ceffer l'adminiftration de la Juftice, au détriment du Public , à caufe du petit nombre auquel ils font réduits ; mais qu'ils y enverront leurs ferviteurs & gens capables, au nombre de quatre par

jour ; ce que ledit Syndic a promis
faire entendre aux Maire & Echevins, & s'est retiré.

*Du Mardi 17 Août, les Chambres
assemblées.*

MM. les Prince de Mayenne &
Vicomte de Tavannes étant entrés
& assis en leurs places accoutu-
mées, ledit sieur Prince a dit, qu'il
a reçu de M. de Mayenne son pere,
les Articles accordés pour la Trève
générale de la France ; & quoiqu'il
ait des forces suffisantes pour faire
la guerre aux Ennemis de l'Union,
néanmoins il a mis lesdits Articles
ès mains de M. le Procureur Général, pour en requérir la publication, afin de faire paroître le desir
qu'il a d'obéir audit sieur de Mayenne son pere.

Les opinions sur ce prises, a été
conclu, que présentement ladite

Trève ſera publiée en la Salle des Plaidoyers , & leſdits *vidimus* envoyés , ſuivant les réquiſitions dudit Procureur Général. Et à l'inſtant tous leſdits Sieurs ſont allés en la Chambre des Plaidoyers faire faire ladite publication , ayant leſdits ſieurs Préſidens leurs Robbes rouges & Mortiers , & leſdits ſieurs Conſeillers leurs Robbes noires. Et quant auxdits Prince & Vicomte , ils étoient aſſis au-deſſus de MM. les Conſeillers , au banc du côté des fenêtres , ayant ledit ſieur Prince ſon épée au côté , & ledit ſieur Vicomte n'avoit la ſienne.

Du Vendredi 19. *Novembre , les Chambres aſſemblées.*

Veu les Lettres-Patentes données à Soiſſons , le 25 Février dernier , contenant les pouvoirs octroyés à Henry de Lorraine , Prince de

Mayenne , Gouverneur en cette
Province de Bourgogne. Conclusions du Procureur Général , la
Cour, les Chambres assemblées, a
ordonné & ordonne que lesdites
Lettres seront lûes , publiées & enregistrées , pour en jouir par ledit
Prince de Mayenne , comme le Seigneur Duc de Mayenne son pere a
fait ci-devant ; & à la charge qu'il ne
pourra entreprendre aucune chose
contre l'autorité de ladite Cour, ni
sur la Justice ordinaire ; & tiendra
la main , tant à l'exécution des Arrêts , qu'à la conservation des priviléges du Pays.

Du Lundi 22 , les Chambres
assemblées.

M. Berbisey a dit , que suivant
la commission à lui donnée par la
Cour , pour assister à l'Assemblée
générale des Etats de ce Royaume

convoquée en la Ville de Paris, la présente année, il s'est trouvé à l'ouverture desdits Etats, avec les Députés de la Cour de Parlement à Paris, & a oui les propositions qui y ont été faites, tant de la part de M. le Duc de Mayenne, du Légat du Pape, & des Ministres de Sa Majesté Catholique: Mais que quelques jours après on leur fit entendre, qu'ils pouvoient se retirer jusqu'à ce que l'on touchât aux affaires qui concernent les Parlemens, ce qu'ils firent. Cependant le sieur Berbisey fut au Parlement de Paris, où il apprit que les sieurs Présidens & Conseillers avoient très-bonne volonté de tenir la main à la conservation des priviléges & autorité des Parlemens, & de les avertir de ce qui pourroit être fait au contraire, afin d'y remédier par une bonne union & intelligence. Aussi il a poursuivi au

Confeil d'Etat l'affignation des gages de cette Compagnie fur le fel
que l'on doit fournir ès Greniers
de cette Province, fuivant un Arrêt
du 4 Juillet dernier, par lequel il eft
dit que l'on commencera à payer
lefdits gages depuis le quinzième
Octobre dernier ; mais quant aux
gages échus du paffé, que l'on doit
trouver quelque fonds pour l'ac-
quittement d'iceux, & que MM. du
Parlement de Paris n'en ont été
payés depuis cinq années. Qu'à fon
départ, M. le Duc de Mayenne l'a
chargé de la continuation de la Trève jufqu'au dernier jour de Décembre prochain, & de prier la
Compagnie de tenir la main à l'obfervation d'icelle inviolablement,
felon qu'il le defire, & de continuer toujours en l'adminiftration de
la Juftice, comme elle a fait ci-devant ; & où il aura moyen de s'em-

ployer pour chofe qui la concer-
nera, il le fera avec plaifir. Que de
fa part, s'il eût pû faire davantage
pour le général & les particuliers de cette Compagnie, il n'y
eût rien épargné, priant qu'on l'ex-
cufe de ce qu'il ne s'eft trouvé à
l'ouverture du Parlement, la lon-
gueur du voyage ne le lui a pu
permettre.

Et après que lecture a été faite
dudit Arrêt du Confeil, M. le Premier Préfident a remercié le fieur
Berbifey de la peine qu'il a prife à
ladite pourfuite.

Veu les Lettres du 12 du préfent
mois de Novembre écrites au fieur
Prince de Mayenne, Gouverneur
du Pays, &, en fon abfence, à M. le
Vicomte de Tavannes: la Cour,
les Chambres affemblées, a déclaré & déclare la Trève continuée
jufqu'au dernier jour de Décembre.

prochain inclusivement ; enjoint à toutes personnes de la garder & observer inviolablement par reprise des armes, voyes d'hostilités ni autrement, comme il est contenu dans l'Arrêt sur ce dressé par le Commis au Greffe, pour être les extraits d'icelui envoyés ès Sièges de ce Ressort. Ce fait, l'Audience a été tenue, où la continuation de ladite Trève a été publiée.

Du Vendredi 7 Janvier 1594, les Chambres assemblées.

Me. Pierre Jachiet, Procureur Syndic de la ville de Dijon, ayant demandé à parler à la Cour, entré par sa permission, a dit, avoir charge de supplier la Cour, de députer des Commissaires pour se trouver demain, heure de midi, en la Chambre du Conseil de ladite Ville, pour pourvoir à la sûreté d'icelle pendant le paſſage d'une armée étrangère qui eſt en ce Pays, & s'il ſera expédient de mettre des gens de guerre ès Fauxbourgs, pour empêcher les courſes & ravages des Ennemis, & s'eſt retiré, dont MM. de la Tournelle avertis par M. Fyot, a été conclu que ledit ſieur Fyot avec M. Gagne ſe trouveront à ladite Aſſemblée.

Du Lundi 10.

M. Fyot, Syndic, a dit, que, Samedi dernier, il fut en la Chambre-de-Ville, où le Maire propoſa que les ſieurs Prince de Mayenne & Vicomte de Tavannes deſiroient de mettre quelques gens de guerre ès Fauxbourgs de cette Ville, pour ſa ſûreté pendant le paſſage de l'armée étrangère qui eſt prête d'entrer dans ce Pays, ſur quoi a été conclu que l'on mettroit leſdits gens de guerre ès Fauxbourgs de ladite Ville, en tel nombre que lesdits sieurs Prince & Vicomte le jugeront nécessaire, lesquels seroient soudoyés des deniers du Pays.

Du Mercredi 9 Mars, de Relevée.

M. Pierre Jachiet, Procureur Syndic de la Ville, ayant demandé à parler à la Cour, entré, a dit : Que depuis quelques jours les Ennemis courent à l'entour de cette Ville, prennent & ravagent ce qu'ils trouvent que les Paysans y amenent, outragent les Vignerons & emmenent les Habitans Prisonniers ; pour raison de quoi, les Maire & Echevins ont résolu de recevoir en cette Ville 50 ou 60 Soldats à cheval, & des Arquebusiers, pour empêcher lesdites courses & ravages, suivant la délibération dernièrement prife en la Chambre-de-Ville, en préfence defdits fieurs Députés de la Cour & Chambre des Comptes, & des Nôtables Habitans affemblés. Pour la folde defquels gens de guerre, il convenoit fournir 1200 écus par mois. Pourquoi a fupplié la Cour de payer ce que les Privilégiés ont accoutumé d'en fupporter, & le Corps de la Ville fatisfera au refte ; & s'étant retiré, a été dit, que MM. Fyot & Gagne, Syndics, en communiqueront avec les Syndics de la Chambre des Comptes, & tous enfemblement avec le Maire, ce que MM. de la Tournelle ont approuvé.

Du *Vendredi* 11.

M Fyot, Syndic, a dit : Que M. Gagne & lui parlerent hier au Maire avec les Députés de la Cham-bre des Comptes, pour le fait des

gens de guerre que l'on doit mettre en cette Ville, lequel leur fit
entendre, que l'on avoit mandé
les sieurs de Villeneuve, de Chauf-
four & Chevalier de Franchesse
qui pourroient faire 60 chevaux,
& que l'on prendroit 100 hommes
de pied ; tous lesquels gens de
guerre étoient déja soudoyés par
le Pays, mais que se tenant en
cette Ville, ils ne pouvoient se
nourrir & entretenir sans un supplément de solde qui pourroit reve-
nit à 800 écus par mois, dont les
Privilégiés porteroient le quart,
qu'il les chargea fort de faire fournir incontinent, afin qu'aucune
chose ne soit imputée ; & que sur ce
les Députés desdits gens des
Comptes dirent, qu'ils ne vouloient porter la moitié dudit quart.
Toutefois estime, qu'ils n'en feront
difficulté, parceque ledit Maire dit,

qu'il en falloit faire comme du paffé : partant, a prié la Compagnie
de députer, pour faire le Département defdits deniers. A l'inftant
le Procureur Syndic de la Ville
entré par permiffion de la Cour,
a fupplié icelle de faire fournir
promptement ledit fupplément de
folde. De ceffer les Audiences publiques pour quelque temps ; fur
quoi a été dit par M. le Premier
Préfident que la Cour y pourvoira,
& s'eft retiré.

Et fuivant ce, a été dit : Que les
caufes du Rolle & par Placets,
dont les Avocats feront prêts, fe
plaideront à huis clos, les jours que
la Cour a accoutumé de donner
Audience, & que MM. les Syndics
fauront de M. Claude Dorge quels
deniers il a en fes mains, deftinés
au paiement des Gages, afin de lui
faire fournir la cotte des Officiers

de

de la Cour, & cependant que département sera fait sur lesdits Officiers.

Du Mercredi 30, de Relevée.

MM. Jaquotot & Flutelot, Maîtres des Comptes, ayant demandé
à parler à la Cour, & entrés & pris
leur place accoutumée, ont dit,
avoir été députés par la Chambre,
pour faire entendre à la Cour qu'ils
ont appris que le Receveur Général Petit a en ses mains un état,
dressé au Conseil de M. le Duc de
Mayenne, pour la distribution des
deniers qui proviendront de la
vente des Sels, & que le premier
article est de 20 mille écus, pour
être mis ès mains du Trésorier de
l'Epargne. Le second pour 6 mille
écus, pour le sieur Prince de
Mayenne; le troisième de deux
mille écus, pour le sieur Vicomte

de Tavannes ; le quatrième de fix
mille écus, pour les gages des Officiers de la Cour ; le cinquième de
cinq mille écus, pour les Officiers
de la Chambre des Comptes ; le
fixième de 22 mille écus, pour les
Députés des Etats derniers ; & le
dernier de 40 mille écus, pour les
Garnifons, avec défenfes audit Receveur Petit de pervertir l'ordre
des affignations, fur peine de la vie ;
& néanmoins lefdits fieurs Prince
de Mayenne & Vicomte de Tavannes vouloient faire payer lefdites Garnifons par préférence aux
Officiers tant du Parlement, que de
la Chambre des Comptes, lefquels,
par ce moyen feront fruftrés de
leurs gages & de l'effet de la bonne
volonté du Duc de Mayenne, d'autant plus que la diftribution du Sel
eft à préfent fort petite, & les bons
quartiers de la vente d'icelui paffés.

Partant étoit néceffaire d'y tenir la main, & empêcher qu'il ne fe faffe aucune chofe au préjudice defdits Officiers, voire que les 20 mille écus, contenus au premier article dudit état, ne foient acquittés à leur préjudice , & avant leurs gages payés.

Auxquels Srs Jaquotot & Flutelot a été dit par M. le Premier Préfident : Que la Cour les remercioit de l'avis qu'ils leur donnoient , & les prioit de continuer cette bonne correfpondance en ce qui concerne l'intérêt des deux Compagnies ; que de fa part elle en ufera de même. Qu'à l'égard de l'affaire par eux repréfentée, elle y pourvoira, & en donnera avis à la Chambre. Puis s'étant retirés , MM. de la Tournelle avertis par M. Fyot, Syndic, par commune délibération a été dit : Que lefdits Fyot & Gagne communiqueront avec le Syndic de la Chambre des Comptes des moyens qu'ils peuvent employer pour obtenir l'effet defdites affignations, & empêcher la réformation dudit état , pour être rapporté à ladite Cour, & être pourvu enfuite, ainfi qu'il appartiendra.

Du Vendredi 1ᵉʳ *Avril , de Relevée.*

Sur ce que M. Fyot a dit , que le fieur Vicomte de Tavannes demandoit à parler aux Syndics de la Cour, & qu'ils n'y avoient voulu aller fans permiffion d'icelle, a été dit : Que lefdits Sʳˢ Syndics iront trouver ledit fieur Vicomte de Tavannes , pour fâvoir la raifon pour laquelle il leur vouloit parler, & les a mandés pour en faire rapport à icelle.

Du Samedi 2, les Chambres assemblées.

M. Fyot, Syndic, a dit : Que M. Gagne & lui parlerent hier à M. le Vicomte de Tavannes, qui leur fit entendre qu'il lui étoit revenu que la Cour avoit cru qu'il vouloit faire réformer l'état des deniers qui proviendroient de la vente du Sel, & faire mettre l'article concernant les Garnisons de ce Pays avant les Gages des Officiers du Parlement & de la Chambre des Comptes, mais qu'il n'y avoit jamais pensé, au contraire desiroit faire reculer le premier article dudit état de la somme de 20 mille écus pour l'Epargne, afin que lesdits Gages soient plutôt payés, les priant de le faire savoir à leur Compagnie, & qu'il voudroit avoir moyen de faire davantage pour elle, dont ils le remercierent.

Du Mardi 5 Juillet.

MM. Fyot & Gagne, Syndics, ont dit : Qu'ils furent, le jour d'hier, en la Chambre-de Ville, avec les Députés de là Chambre des Comptes, qui leur communiquèrent l'avis de ladite Chambre , qui étoit: que les suffrages fussent pris de tous les Habitans de la Ville, assemblés au son de la cloche , chacuns en leurs Paroisses, pour savoir s'il étoit nécessaire de prendre des Garnisons. Auquel cas qu'elles fussent mises ès Châteaux proche cette Ville, & soldoyés par le Pays, sans contraindre les Privilégiés, parcequ'ils n'étoient payés de leurs Gages, & qu'ils ne recevoient aucune chose de leurs revenus. Qu'ils trouverent en la Maison de Ville le sieur de Franchesse , & fort peu d'Habitans. Le Maire proposa à la

Compagnie même chofe, que ce
que ledit Syndic fit céans ; & puis
donnèrent l'avis de la Cour, fur
lequel ledit fieur de Francheffe demanda, fi l'on avoit affurance de
traiter avec l'Ennemi. À quoi ils
firent réponfe que non ; & qu'il
falloit premièrement favoir la volonté du Peuple, car autrement
il feroit inutile d'avifer aux moyens
d'une ceffation d'armes, ni de s'informer de celle des Ennemis. Les
Députés de MM. des Comptes opi-
nerent, puis ledit fieur de Francheffe qui propofa beaucoup de
difficultés dans un traité avec l'Ennemi, & que le fieur de Tavannes
n'étoit obéi dans fon parti. D'ailleurs qu'il en faudroit avertir M. le
Prince de Mayenne, Gouverneur
en ce Pays, & M. le Vicomte de
Tavannes fon Lieutenant ; mais
qu'étant à la veille de la récolte, il

falloit prendre des gens pour ré-
sifter aux Ennemis. Sur ce intervint
le Procureur Syndic , lequel dit :
Qu'il ne pouvoit louer ni approuver l'avis de la Cour, ains falloit
approuver ce qui se passoit en la
Chambre de Ville , sans en communiquer ni faire assembler les Paroisses ; parceque cela pourroit exciter le Peuple à sédition , & apporter de l'altération à l'état de la
Ville, étant besoin de prendre des
gens de guerre pour les raisons dé-
duites par le Vicomte-Maïeur , lesquels pourroient être entretenus,
sans fouler le Peuple , des deniers
destinés pour la Compagnie du Baron de Lux qui avoit changé de
parti. Aucuns des Echevins & du
Clergé approuverent cet avis, di-
sant, que le Peuple avoit dónné
pouvoir au Maire de la gouverner,
d'autant, disoient-ils , qu'il falloit
faire

faire la guerre au Démon, aux Pó-
litiques, aux Huguenots & autres
fortes de gens, & que l'avis de la
Cour, tant pour le préparatoire
que pour le principal, ne pouvoit
être fuivi, le rejettant & blamant
tout & par-tout. Qu'il n'y avoit
que les Politiques & Officiers de la
Cour & des Comptes qui fuffent
à leur aife, parcequ'ils ne payoient
point de taille, & n'alloient au guet
& garde, & fembloit qu'ils vouluffent enfreindre les Privilèges de
la Ville. Sur cela les moins échauf-
fés prierent qu'on ne blâmât les
opinions de perfonne, & que chacun fe contentât de dire fon avis
fans s'échauffer; que la Cour étoit
inftruite de leurs Privilèges qu'elle
avoit enregiftrés. Un de la Ville
dit, qu'il ne falloit trouver étrange
fi l'on débattoit les avis qu'on ne
trouvoit pas bons; puis après opi-
nèrent ceux qui étoient derrière le

D d

Bureau ; enfin il fut réſolu que l'on mettroit les gens de guerre en cette Ville ou dehors , ſelon que l'on le jugeroit le plus expédient ; juſqu'au nombre de 100 hommes d'armes , & falloit trouver deniers par quelques moyens , pour le ſupplément de leur ſolde , car ils avoient déja 15 écus par mois , tellement qu'on augmenteroit icelle , d'environ de 6 écus par homme. Sur ce , le Maire les prie d'avertir la Cour de ladite réſolution , & d'y faire réponſe ; à quoi ils dirent , qu'ils le feroient ; mais quant à la réponſe , que ledit Syndic la vînt demander , auſſi que l'on devoit pour ledit ſupplément prendre la paye de la Compagnie du Baron de Lux , ce qui ne fut approuvé par ledit ſieur de Francheſſe.

Encore leſdits Sieurs Fyot & Gagne ont dit : Qu'ils prièrent la Compagnie de prendre de bonne part l'avis de la Cour, qui étoit un Arrêt entr'eux ; & dirent, qu'ils n'étoient contens de la manière dont on les avoit reçus & blâmés par la plûpart, comme si cet avis n'avoit pas le sens commun ; que cependant il seroit aisé d'en établir la justice. Que la manière dont les Officiers de la Cour avoient été traités étoit fort insolente, ayant été traités, ces Officiers, de Politiques & d'Hérétiques, ce qui ne pouvoit être dissimulé ; sur lequel rapport a été délibéré l'Arrêt qui s'ensuit.

LA COUR, dûment informée, que le jour d'hier, de relevée, en la Chambre de Ville, l'Arrêt par elle formé du matin n'avoit été reçu avec l'honneur & le respect que l'on devoit, quoiqu'il fût très-propre pour établir le repos du peuple de la Ville & de la Province ; a enjoint & enjoint aux Vicomte-Maïeur, Echevins & Procureur Syndic, de pourvoir à ce que la liberté d'icelle ne soit offensée ni opprimée, sous peine d'en répondre, eux & leur postérité. Et où il se présentera, ci-après, quelque affaire importante pour le bien & repos de la Ville & de la Province, ils en viendront consulter la Cour & prendre son avis. Et sera le présent Arrêt délivré au Procureur Syndic, pour être lû & enregistré en ladite Chambre de Ville.

Et a été retenu que ledit Arrêt sera gardé & observé selon sa forme & teneur ; & que pendant les présens troubles, la Cour ne députéra plus aucuns Commissaires pour aller en ladite Chambre de Ville, & ne contribuera aucunement à la solde des Garnisons.

Qu'il sera écrit & représenté à M. de Mayenne les misères & nécessités de cette Province, afin de l'exciter à la Paix,

Et à M. le Prince de Mayenne
& Vicomte de Tavannes, de pourvoir à la résistance qui est à faire
aux ennemis, & empêcher leurs
ravages.

Aussi, que la Cour se pourvoira
en tems & lieu sur la réparation des
injures proférées contre l'honneur
d'icelle, en la Chambre de Ville,
ainsi qu'elle verra être à faire.

Et à l'instant, l'Arrêt ci-dessus a
été expédié & signé, & l'Extrait
d'icelui délivré audit Me Jean Baudouin en son domicile, parlant au
Commis du Greffe, en présence de
Briet, aussi Commis audit Greffe.

*Du Vendredi 8 , les Chambres assem-
blées.*

Vû la Délibération de la Chambre de Ville, du 5 du présent mois,
les Conclusions du Procureur Général sur icelle, & une autre Délibération du 7 dudit mois, par la

quelle la Cour eſt invitée d'aller cejourd'hui en ladite Chambre de
Ville, pour prendre ſa cotte du
ſupplément de la ſolde des Gens
de Guerre que l'on a délibéré d'appeller en cette Ville, pour réſiſter
aux ennemis, à peine qu'il ſera procédé au département dudit ſupplément, attendu l'offre faite par les
Gens des Comptes d'y contribuer
pour un mois. A été dit : Que Meſſieurs Fyot & Gagne, Syndics,
iront promptement en la Chambre
des Comptes, pour ſçavoir s'ils ont
fait leſdites offres ; & en ce cas, leur
dire qu'ils ne le devoient faire ſans
en conſulter la Cour, & ne ſe départir de la bonne intelligence qui
a été ci-devant entre les deux Compagnies. A l'inſtant, leſdits Sieurs
retournés, ils ont rapportés : que
leſdits Gens des Comptes ont fait
en effet ladite offre, ſur ce que le
Procureur Syndic de la Ville ne de-

mande leur contribution que pour
un mois seulement, & à la charge
de remplacement ; mais que ce fût
en cas que la Cour y voulût contribuer, & non autrement ; & qu'ils
députeroient encore vers le Vicomte-Maïeur, pour lui faire entendre leurs intentions.

L'affaire mise en délibération ;
ensemble ce qui a été rapporté par
ledit sieur Fyot : Que Me Jean Baudouin, Procureur, Syndic de cette
Ville, lui avoit déclaré verbalement,
ce matin, que si la Cour avoit quelques moyens de parvenir à une sur-
séance d'armes avec les ennemis,
le Vicomte-Maïeur & les Echevins
de la Ville s'y accorderoient très-
volontiers ; a été dit, que lesdits
Fyot & Gagne manderont ledit
Baudouin, & lui diront, que la
Cour a trouvé bon d'entrer en communication & conseil aujourd'hui,
ou le plutôt que faire se pourra au

logis de M. le Premier Préfident, avec les Députés de la Chambre des Comptes, le fieur Francheffe, le Vicomte-Maïeur, quelques Echevins & aucuns du Clergé, pour avifér aux moyens de parvenir à une ceffation d'armes, & empêcher les actes d'hoftilité, s'il eft poffible. A cet effet, ont été Meffieurs les Préfidens & Syndics de la Cour; & néanmoins retenu, qu'il fera pourvû fur lefdites Délibération en tems & lieu.

A l'inftant ledit Baudouin mandé, lefdits Syndics ont exécuté l'Arrêt ci-deffus, & donné copie d'icelui audit Baudouin, pour en avertir ledit Vicomte-Maïeur & Echevins, & y faire réponfe, ce qu'il a promis.

Du Samedi 9.

M. Gagne, Syndic, a rapporté, qu'hier, fur le foir, le Procureur Syndic lui rendit la Délibération de la Cour dudit jour, & lui fit entendre, que les Vicomte-Maïeur & Echevins étoient prêts de s'affembler fuivant icelle, mais que ce ne pouvoit être ce-jourd'hui, à caufe des empêche-mens du fieur de Francheffe. Que fi la Cour trouvoit bon que ce fût pour demain, ils prendront fa com-modité, en les avertiffant de l'heure. Sur ce, les Chambres confultées, a été dit : Que ladite Affemblée fe fera demain fept heures du matin, au logis de M. le Premier Préfi-dent.

Du Lundi 11.

M. le Premier Préfident a dit : Que, le jour d'hier, Meffieurs les Députés de la Chambre des Comptes, du Clergé & de la Ville furent affemblés en fon logis, en préfence du fieur de Francheffe, & réfolu-rent d'écrire à M. le Prince de Mayenne, qu'on eftimoit d'être plus expédient de rechercher une surféance d'armes, que de continuer la guerre, en cas que les ennemis y vouluffent entendre : finon, qu'il falloit avifer aux moyens de pouvoir réfifter aux ennemis, & à leurs courfes & ravages ; lefquelles Lettres furent dépêchées & envoyées à l'inftant, comme il a été raporté par M. le Préfident Desbarres.

Du Mardi 12, les Chambres affem-
blées.

M. Fyot, Syndic, a dit : Que Mᵉ Jean Baudouin, Procureur Syndic de la Ville, lui avoit fait entendre, que la Chambre de Ville fupplioit la Cour de députer Commiffaires, d'icelle pour fe trouver aujourd'hui, de relevée, pour prendre la cotte de ladite Cour, pour le fupplément de la folde des Gens de Guerre que l'on veut prendre pendant les moiffons & vendanges prochaines. Et néanmoins, que fi M. le Prince de Mayenne trouve bon que l'on faſſe une trève avec l'Ennemi, l'on ne payera aucune choſe de ladite cotte; & au contraire, fi l'on n'en fait point, les deniers feront plus prêts à lever. Surquoi a été dit : que le fieur Fyot déclarera audit Syndic, que puiſqu'on a écrit au fieur Prince de Mayenne, il faut attendre ſa réponſe.

Du Lundi 13, les Chambres aſſemblées.

M. le Premier Préſident a dit : Que le jour d'hier, le Vicomte-Maïeur de cette Ville fut en ſon logis, & ne l'ayant trouvé, l'Avocat Rouhier & quelques autres Echevins y retournèrent & lui montrèrent les Lettres écrites auxdits Vicomte-Maïeur & Echevins par M. le Prince de Mayenne, ſur le fait du pourparlement d'une ceſſation d'armés avec ceux du parti contraire. De laquelle Miſſive il a repréſenté une copie qu'ils lui laiſſèrent ; dont lecture faite, enſemble de l'original que le Procureur-Syndic de la Ville a préſentement rapporté, écrite à Châlons le 11 du préſent mois, par laquelle ledit ſieur Prince approuve l'ouverture faite de ladite ceſſation d'armes, pourvû qu'elle ſoit honorable & utile. A été conclu que cejourd'hui, à deux heures de relevée, les Sieurs Députés en la première Aſſemblée ſe trouveront au logis de M. le Premier Préſident pour aviſer ſur leſdites Lettres ; & ſera propoſé, que l'avis de la Cour eſt, qu'elle écrira à Meſſieurs les Préſidens & Conſeillers qui ſont de préſent à Semeur, pour les diſpoſer au repos de la Province par le moyen d'une furféance d'armes ; & les Vicomte-Maïeur & Echevins, à M. de Tavannes.

Et parce que MM. Fyot & Gagne ont rapporté que ledit Procureur Syndic de la Ville fupplioit la Cour de députer Commiffaires, pour aller en la Chambre de Ville à neuf heures du matin, prendre la cote de la Cour, pour le fupplément de la folde de 120 Cuiraffiers que M. le Vicomte a promis d'envoyer dans cette Ville pour empêcher les ravages des ennemis, a été dit que lefdits fieurs Syndics feront réponfe au Procureur Syndic de la Ville, que la Cour leur enjoint de furfeoir audit département, jufqu'à ce qu'on ait pris des réfolutions fur lefdites Lettres.

Et auffi a été conclu, qu'il fera écrit au nom de la Cour, audit fieur Prince de Mayenne, fur le fait de ladite furféance d'armes.

Du Mardi 19.

M. le Premier Préſident a dit que l'Aſſemblée des Députés de la Cour & Chambre des Comptes , du Clergé & Chambre de Ville , fut faite le jour d'hier en ſon logis ; où l'on réſolut que la Cour écriroit à MM. les Préſidens & Conſeillers étant à préſent à Semeur , pour porter M. de Tavannes à traiter une ſurſéance d'armes , & y apporter de leur part bonne volonté.

Suivant laquelle Délibération M. le Préſident Desbarres a fait lecture d'une Miſſive qu'il a dreſſée à cet effet , & d'une autre à M. le Prince de Mayenne , leſquelles ayant été portées à la Tournelle , & vues , elles ont été miſes au net & envoyées.

Sur ce que M. Fyot , Syndic , a rapporté , que Me Jean Baudouin , Procureur Syndic de la Ville , demandoit ſi l'on avoit député en la

Chambre de Ville, pour prendre la cote du supplément de la solde de la Gendarmerie que l'on veut mettre en cette Ville, a été dit, les Chambres confultées, que l'Arrêt du 5 du préfent mois fera exécuté felon fa forme & teneur.

Du Samedi 23, les Chambres affemblées.

M. le Préfident Desbarres a dit avoir reçu Lettre de Mr Fyot, fon beau-frère, étant à Semeur, datée du 21 du préfent mois, par laquelle il lui mande qu'il a fait voir à MM. les Préfidens & Confeillers, étant audit Semeur, les Lettres à eux écrites par la Cour le 19 dudit mois, & qu'ils lui ont fait entendre qu'ils n'y vouloient faire réponfe, ni reconnoître ladite Cour en la qualité qu'elle s'attribue par les raifons y contenues. Auffi qu'il n'étoit néceffaire de faire une Trève, parce que ce feroit toujours continuer la guerre , & fomenter le mal , qui reprendroit fon cours après l'expiration de ladite Trève. Laquelle Lettre vue, il a été dit qu'il en fera fait une copie pour demeurer devers le Greffe.

Auffi M. le Premier Préfident a repréfenté des Lettres de Cachet écrites à la Cour par M. de Mayenne, d'Amiens, le 9 du préfent mois de Juillet, par lefquelles il prie la Cour de procéder à la réception de Mᵉ Jacques Laverne, pourvu d'un Office de Confeiller en icelle, nonobftant les empêchemens donnés au contraire, lefquelles Lettres ont été vues, &c.

F I N.